Grundstücksvermietung zwischen Überschusserzielung und Liebhaberei

AF192189

Grundstücksvermietung zwischen Überschusserzielung und Liebhaberei

Praxisleitfaden
zur Abgrenzung von
steuerlich relevanter Betätigung und
Liebhaberei bei der Vermietung von Immobilien

Von

Michael Stein

Bibliografische Information der Deutschen Bibliothek

Die Deutsche Bibliothek verzeichnet diese Publikation
in der Deutschen Nationalbibliografie;
detaillierte bibliografische Daten sind im Internet
über <http://dnb.ddb.de> abrufbar.

ISBN 978-3-8423-3748-0

© 2010 Michael Stein, Jena
— 1. Auflage 2010 —
Rechtsstand: November 2010

Schriftsatz und Umschlag: Michael Stein, Jena
Herstellung und Verlag: Books on Demand GmbH, Norderstedt
Printed in Germany

Das Papier erfüllt die Frankfurter Forderungen der Deutschen Bibliothek
und der Gesellschaft für das Buch bezüglich der Alterungsbeständigkeit
und entspricht sowohl den strengen Bestimmungen der US Norm Ansi/Niso
Z.39.48-1992 als auch der ISO-Norm 9706.

Vorwort

Wenn es um die private Vermietung von Wohnraum geht, wird kaum um die Besteuerung positiver Einkünfte gestritten, sondern regelmäßig um die Höhe von Werbungskostenüberschüssen.

Dabei kommt es auch immer wieder zu Auseinandersetzungen darüber, ob die Vermietung steuerrechtlich zu berücksichtigen oder als unbeachtliche Liebhaberei zu beurteilen ist. Liebhaberei liegt dem Grunde nach vor, wenn auf Dauer gesehen nicht mit einem, die Gesamtaufwendungen übersteigenden, Einnahmenüberschuss gerechnet werden kann und diese Tatsache von privaten Motiven begleitet wird.

Die praktische Umsetzung dieser schlichten Formel ist indes problembehaftet. Die Frage, ob Liebhaberei auch im Bereich der Einkunftsart Vermietung und Verpachtung möglich ist und wann im Einzelnen die Voraussetzungen für eine Liebhaberei vorliegen, hat Verwaltung, Rechtsprechung und Literatur stets beschäftigt. Der Rechtsanwender findet keine gesetzliche Grundlage, dafür aber neben einigen Verwaltungsanweisungen eine kaum noch zu überblickende Fülle von Urteilen vor.

Der Rechtsanwender muss sich daher mit einer Fülle von Einzelentscheidungen auseinandersetzen. Dieser Leitfaden soll dem Praktiker zunächst ein Wegweiser sein. Für vertiefende Betrachtungen zum Thema möchte der Verfasser auf sein umfassenderes Werk

Verluste oder Liebhaberei
bei der Vermietung von Immobilien
5. Auflage 2010, 500 Seiten
— ISBN 978-3-8370-0277-5 —

aufmerksam machen.

Jena, im November 2010   Michael Stein

Inhaltsverzeichnis

Abkürzungsverzeichnis

a. A.	anderer Ansicht
a. E.	am Ende
Abs.	Absatz
a. F.	alte Fassung
AfA	Absetzung für Abnutzung
AktStR	Aktuelles Steuerrecht
AO	Abgabenordnung
Aufl.	Auflage
Az.	Aktenzeichen
a. Z.	Anzahl der Zitate
BB	Betriebs Berater *(Zeitschrift)*
Bsp.	Beispiel
betr.	Betreffend
BFH	Bundesfinanzhof
BFH-Az.	Aktenzeichen des BFH
BFHE	Sammlung der Entscheidungen des BFH
BFH/NV	Sammlung amtlich nicht veröffentlichter Urteile des BFH *(Zeitschrift)*
BFH-PR	Entscheidungen für die Praxis der Steuerberatung *(Zeitschrift)*
BGB	Bürgerliches Gesetzbuch
BGBl	Bundesgesetzblatt
BGH	Bundesgerichtshof
BMF	Bundesministerium der Finanzen
BMF-Schreiben	Verwaltungsanweisung des Bundesministeriums der Finanzen (abgestimmt mit den obersten Finanzbehörden der Länder)
BR-Drucks.	Bundesrats-Drucksache
BStBl	Bundessteuerblatt
BT-Drucks.	Bundestags-Drucksache
Buchst.	Buchstabe
BuW	Betrieb und Wirtschaft *(Zeitschrift, erscheint nicht mehr)*
BVerwG	Bundesverwaltungsgericht
bzw.	Beziehungsweise
DB	Der Betrieb *(Zeitschrift)*
Diss.	Dissertation
DM	Deutsche Mark
DStR	Deutsches Steuerrecht *(Zeitschrift)*

DStZ	Deutsche Steuer-Zeitung *(Zeitschrift)*
DWW	Deutsche Wohnungswirtschaft *(Zeitschrift)*
EFG	Entscheidungen der Finanzgerichte *(Zeitschrift)*
ESt-Kartei	Einkommensteuer-Kartei
EN	Eilnachrichten
ESt	Einkommensteuer
EStDV	Einkommensteuer-Durchführungsverordnung
EStG	Einkommensteuergesetz
EStR	Einkommensteuer-Richtlinien (der Finanzverwaltung)
evtl.	Eventuell
f., ff.	Folgende
FG	Finanzgericht
FGO	Finanzgerichtsordnung
FinMin.	Finanzminister, Finanzministerium (auch z. B. für Staatsministerium der Finanzen)
Fn.	Fußnote
FördG	Fördergebietsgesetz
FR	Finanz-Rundschau *(Zeitschrift)*
GbR	Gesellschaft bürgerlichen Rechts
gl. A.	gleicher Ansicht
GmbH	Gesellschaft mit beschränkter Haftung
GStB	Gestaltende Steuerberatung *(Zeitschrift)*
GrS	Großer Senat (des Bundesfinanhofs)
HaufeIndex	Dokumentationsnummer der Haufe-Datenbank
HFR	Höchstrichterliche Finanzrechtsprechung *(Zeitschrift)*
i. d. F.	in der Fassung
i. d. R.	in der Regel
ImmoStR	Halbjahreszeitschrift zum Immobilien-Steuerrecht
INF	Die Information über Steuer und Wirtschaft *(Zeitschrift)*
InvZulG	Investitionszulagengesetz
i. V. m.	in Verbindung mit
KG	Kommanditgesellschaft
Kj.	Kalenderjahr
LfSt	Landesamt für Steuern
m.w.N.	mit weiteren Nachweisen

m²	Quadratmeter
Nr.	Nummer(n)
nrkr.	nicht rechtskräftig(es)
n. v.	nicht veröffentlicht
NWB	Neue Wirtschaftsbriefe *(Zeitschrift)*
NZB	Nichtzulassungsbeschwerde
n. z.	nicht zitiert
o. a.	oben angegeben
OFD	Oberfinanzdirektion
o. g.	oben genannt
R	Richtlinie der Einkommensteuer-Richtlinien
RdNr.	Randnummer(n)
Rev.	Revision
RFH	Reichsfinanzhof
Rg.	Rechtsgang
Rkr.	rechtskräftig(es) (r)
RStBl	Reichssteuerblatt
Rz.	Randziffer
s.	Siehe
S.	Seite
SenFin	Senator für Finanzen, Senatsverwaltung für Finanzen
StBp	Die steuerliche Betriebsprüfung *(Zeitschrift)*
StuW	Steuer und Wirtschaft *(Zeitschrift)*
StW	Die Steuer-Warte *(Zeitschrift der DStG)*
Tz.	Textziffer
u. a.	unter anderem
u. ä.	Und Ähnliches
UmwStG	Umwandlungssteuergesetz
usw.	Und so weiter
Vgl.	Vergleiche
Vfg.	Verfügung
z. B.	Zum Beispiel
Ziff.	Ziffer
Zzgl.	zuzüglich

I. Einleitung

a) Zweck der Besteuerung und Erwerbsgerichtetheit des Handelns: Zweck der Besteuerung ist es, Mittel für die öffentliche Hand zu beschaffen. Deshalb interessieren den Fiskus nur die auf Dauer positiven Einkünfte der Steuerpflichtigen. Diese werden entsprechend ihrer Leistungsfähigkeit herangezogen, und zwar in der Weise, wie das EStG dies definiert. Daran gemessen unterwirft das Einkommensteuerrecht die nicht erwerbsrelevante – gegebenenfalls auch auf private Bedürfnisbefriedigung und privates Erleben hin angelegte – Nutzung eines Vermögensgegenstands nicht der Besteuerung. Diese Erwerbsgerichtetheit beinhaltet vornehmlich die Absicht des Steuerpflichtigen, auf Dauer gesehen positive Einkünfte zu erzielen.

Diese Absicht ist bei den Einkünften aus Gewerbebetrieb gesetzliches Merkmal des Steuertatbestands (vgl. § 15 Abs. 2 und 3 EStG). Eine genaue Definition des Tatbestandsmerkmals enthält das Gesetz indes nicht. Doch auch bei den Einkunftsarten des § 2 Abs. 1 Satz 1 Nrn. 4–7 EStG ist die Erwerbsgerichtetheit (Einkunftserzielungsabsicht) als Überschusserzielungsabsicht subjektives Tatbestandsmerkmal für eine Besteuerung[1] und deshalb für jeden Veranlagungszeitraum (erneut) zu prüfen.

b) Verlustberücksichtigung ist keine verbindliche Zusage für Folgejahre: Die Anerkennung von liebhabereiverdächtigen Verlusten in einem Veranlagungszeitraum stellt aber keine Zusage für die Behandlung in späteren Veranlagungszeiträumen dar und bindet das Finanzamt auch nicht nach Treu und Glauben, selbst wenn der Steuerpflichtige auf eine entsprechende Fortsetzung der rechtlichen Beurteilung vertraut hat[2]. Vielmehr muss eine vom Finanzamt als falsch erkannte – selbst über eine längere Zeit vertretene – Rechtsauffassung zum frühest möglichen Zeitpunkt aufgegeben werden[3]. Der Grundsatz der Abschnittsbesteuerung schließt für sich genommen die Bildung eines Vertrauenstatbestandes aus, der über die im Steuerbescheid für ein Veranlagungsjahr zu Grunde gelegte Entscheidung hinausgeht[4].

---

1   BFH, Beschluss vom 25.6.1984 – GrS 4/82, BStBl II 1984, S. 751 unter C IV 3c (2).
2   Z. B.: BFH, Urteil vom 30.9.1997 – IX R 80/94, BStBl II 1998, S. 771; BFH, Urteil vom 30.10.1997 – IV R 76/96, BFH/NV 1998, 578; BFH, Urteil vom 8.12.1998 – IX R 49/95, BStBl II 1999, S. 468.
3   Z. B.: BFH, Beschluss vom 4.5.2005 – XI B 224/03, BFH/NV 2005, S. 1483; BFH, Beschluss vom 2.8.2004 – IX B 41/04, Haufelndex 1255528; BFH, Urteil vom 17.12.2003 – X R 31/00, BFH/NV 2004, S. 1083.
4   Deutlich etwa: FG München, Urteil vom 22.10.2008 – 1 K 77/07, EFG 2009, S. 250.

c) Grundsätzlich kein Anspruch auf verbindliche Auskunft: Bei hohem Investitionsbedarf und nicht unerheblichen Erfolgsrisiken kann daher die steuerliche Abzugs- und Ausgleichsfähigkeit von Verlusten rechtssicher nur durch eine verbindliche Auskunft hergestellt werden. Ihre Erteilung steht im Ermessen des Finanzamts. Eine verbindliche Auskunft über die steuerliche Beurteilung von genau bestimmten Sachverhalten kommt jedoch nur in Betracht, wenn daran im Hinblick auf die erheblichen steuerlichen Auswirkungen ein besonderes Interesse besteht. Diese Voraussetzungen sind im Einzelnen darzulegen[5]. Soweit die Feststellung, ob eine Tätigkeit als Liebhaberei oder als einkommensteuerrechtlich beachtlich einzustufen ist, erst nach einer mehrjährigen Beobachtungsphase unter Berücksichtigung der konkreten Entwicklung getroffen werden kann (so genannte Mehrjahresanalyse), werden die Voraussetzungen für eine verbindliche Zusage regelmäßig nicht vorliegen[6].

d) Grundlage des Liebhabereibegriffs: Die Überschusserzielungsabsicht (Einkunftserzielungsabsicht) ist bei positiver Ergebnisprognose zu bejahen. Dementsprechend verlangt der BFH in ständiger Rechtsprechung, dass Einkünfte aus Vermietung und Verpachtung gemäß § 21 Abs. 1 Nr. 1 EStG nur erzielt, wer (1.) ein Grundstück gegen Entgelt zur Nutzung überlässt und (2.) hierbei beabsichtigt, auf die voraussichtliche Dauer dieser Nutzung des Grundstücks (so genannte Totalperiode) einen Überschuss der Einnahmen über die Werbungskosten zu erzielen (Einkunftserzielungsabsicht). Fehlt die Einkunftserzielungsabsicht (Gewinn- bzw. Überschusserzielungsabsicht), spricht man von „Liebhaberei".

Dogmatische Grundlage des – gesetzlich unbekannten – Liebhabereibegriffs ist neben dem Fiskalzweck[7] des Gesetzes ggf. ein Aspekt der Verteilungsgerechtigkeit[8]: Mit Hilfe des von der Rechtsprechung entwickelten Merkmals werden Verluste ausgegrenzt, die der Steuergläubiger nicht mittragen soll. Gemeint sind die Verluste aus dem außersteuerlichen Bereich, also auch aus dem Bereich der Lebensführung. Derlei Aufwendungen sollen nicht steuerlich subventioniert und auf die Allgemeinheit abgewälzt werden können. Das Abzugsverbot für Aufwendungen im Zusammenhang mit einer so genannten Liebhabereitätigkeit beruht gleichwohl nicht auf der Vorschrift des § 12 Nr. 1 EStG[9], denn die Anwendung dieser Vorschrift erfordert zunächst das Vorliegen einer Tätigkeit im Sinne

---

5   **BMF**-Schreiben vom 24.6.1987, BStBl I 1987, S. 474.
6   Vgl. etwa *Credo*, Einkünfteerzielungsabsicht, S. 384 ff.; vgl. auch bereits Hessisches FG, Urteil vom 26.7.1989 – 13 K 1637/89, EFG 1990, S. 210.
7   Vgl. BFH, Beschluss vom 25.6.1984 – GrS 4/82, BStBl II 1984, S. 751; exemplarisch nunmehr: BFH, Beschluss vom 30.6.2009 – VIII B 8/09, BFH/NV 2009, S. 1977.
8   Vgl. nur: *Weber-Grellet*, StuW 1993, S. 97; *Tipke*, FR 1983, S. 580, 581; *Leingärtner*, FR 1979, S. 105, 113.
9   **A. A.** etwa *Kruse*, Über Liebhaberei, in: Festschrift für Arndt Raupach, 2006, S. 143 ff.: E; s. a. *Birk*, BB 2009, S. 860.

einer Einkunftsart der § 2 Abs. 1 Satz 1 Nr. 1–7 EStG. Vielmehr fußt das Abzugsverbot des mit einer Liebhaberei zusammenhängenden Aufwands auf –übergeord-
neten – Gesichtspunkten des § 2 EStG[10] (weite Gesetzesauslegung).

e) Verluste und andere hohe Einkünfte: Im Allgemeinen stellt sich die Frage
nach Liebhaberei nicht, wenn fortlaufend Gewinne bzw. Überschüsse erzielt werden, denn wesentliches Merkmal einer einkommensteuerlich relevanten Tätigkeit
ist das Streben nach Gewinn bzw. Überschuss[11]. Ohne Verluste gibt es also keine
Liebhaberei[12]. Die Frage der Liebhaberei stellt sich aber erst und nur dann, wenn
der Steuerpflichtige anderweitige (hohe) Einkünfte erzielt, die für einen Verlustausgleich (oder, in der Praxis eher selten, einen Verlustabzug) zur Verfügung
stehen[13]. Das eigentliche Anliegen der Umqualifizierung einer einkünfteerzielenden
Tätigkeit zur Liebhaberei besteht in dem Ausschluss der Verlustverrechnung.
Damit ergibt sich aus dem Rechtsinstitut der Liebhaberei ein systemgerechtes
Verlustausgleichsverbot. Mit der Unterscheidung dergestalt, dass negative Ergebnisse unter Umständen wegen Liebhaberei unberücksichtigt bleiben, dagegen positive Ergebnisse stets steuerlich erfasst werden, wird sowohl das objektive Netto-
prinzip richtig umgesetzt, als auch dem Fiskalzweck des Gesetzes (des EStG)
Genüge getan.

f) Vermietung und Verpachtung – eine besondere Einkunftsart: Jede Einkunftsart hat ihre Besonderheiten, die auch die Einkunftserzielungsabsicht als
ungeschriebenes Tatbestandsmerkmal prägen[14]. Eine von der konkreten Einkunftsart losgelöste Einkunftserzielungsabsicht gibt es nicht. Für die Einkunft-
art Vermietung und Verpachtung (§ 21 EStG) besteht die Besonderheit, dass im
Regelfall zu Beginn jahrelang Werbungskostenüberschüsse entstehen und – je
nach Höhe der Baukosten und dem Umfang der Fremdfinanzierung – unter Umständen erst nach relativ langen Zeiträumen ein positives Gesamtergebnis (Totalüberschuss) aus der Vermögensnutzung realisiert wird.

g) Ursachen anhaltender Vermietungsverluste: Diese oft hohen und lang anhaltenden Werbungskostenüberschüsse beruhen zum einen auf dem Sofortabzug
von Werbungskosten gemäß § 11 EStG und zum anderen auf Abschreibungsver-
günstigungen. Denn über § 9 Abs. 1 Satz 3 Nr. 7 EStG werden auch AfA den Werbungskosten bei den Überschusseinkünften zugerechnet. Das Zulassen von AfA

---

10 Vgl. etwa **BMF**-Schreiben vom 14.7.2000, DB 2000, S. 1687, Tz. 2.a).
11 Vgl. etwa FG Berlin, Urteil vom 3.7.1987 – III 434/86, HaufeIndex 1379500.
12 BFH, Beschluss vom 30.6.2009 – VIII B 8/09, BFH/NV 2009, S. 1977; Niedersächsisches FG,
    Urteil vom 14.5.2009 – 11 K 556/07, EFG 2010, S. 1016; *Falkner*, DStR 2010, S. 788, 789;
    Kanzler, DStZ 2005, S. 766, 768.
13 Vgl. etwa BFH, Urteil vom 26.2.2004 – IV R 43/02, BStBl II 2004, S. 455 unter 3.b).
14 Vgl. etwa BFH, Beschluss vom 13.6.2005 – VIII B 67, 68/04, BFH/NV 2005, S. 2181.

bei den Überschusseinkünften ist bereits an sich eine systemfremde Begünstigung[15]. Im Übrigen ist eine Angemessenheitsprüfung der Werbungskosten, anders als bei den Betriebsausgaben gemäß § 4 Abs. 5 Nr. 7 EStG, gesetzlich nicht vorgesehen. Deshalb konnten bisher auch vergleichsweise hohe Aufwendungen, auch Schuldzinsen sind in unbegrenzter Höhe abziehbar, oder AfA auf sehr aufwändig erstellte Immobilien als Werbungskosten abgezogen werden. Daher hat die Frage, ob die Vermietungstätigkeit als „Liebhaberei" (fehlende Einkunftserzielungsabsicht) einzustufen ist, für die Anwendung des § 21 Abs. 1 EStG besondere Bedeutung.

h) Probleme der Rechtsanwendung: Bei dem Versuch, im Rahmen der Einkünfte aus Vermietung und Verpachtung die Abgrenzung zur Liebhaberei rechtssystematisch korrekt in den Griff zu bekommen, treten eine Reihe von Problemen auf. Bisher hat der Gesetzgeber davon abgesehen, die Frage der Liebhaberei zu regeln. Das Fehlen einer gesetzlichen Grundlage hat zu einer beinahe unüberschaubaren Anzahl von Einzelentscheidungen geführt, die eine Abgrenzung zwischen Liebhaberei und zu berücksichtigenden Einkünften in der Praxis schwer machen. Die Entscheidung, ob geltend gemachte Werbungskostenüberschüsse aus einer Vermietungstätigkeit mangels Einkunftserzielungsabsicht steuerlich irrelevant sind, bereitet dem Rechtsanwender regelmäßig Unbehagen.

Zwei Begriffe, die sich nur schwer greifen lassen, sorgen in der Praxis für zahlreiche Zweifel: So kann zum einen der im Mittelpunkt der Abgrenzungsproblematik stehende Begriff der „Einkunftserzielungsabsicht" als innere Tatsache nur durch Rückschluss aus erkennbaren äußeren Tatsachen festgestellt werden. Zum anderen stellt der zweite zentrale Begriff der Erzielbarkeit eines „Totalüberschusses" eine Zukunftsprognose dar, die zu stellen den Rechtsanwender ggf. überfordert und ihm eine Gratwanderung zwischen Spekulation und dem gegebenenfalls gerade noch Erwartbaren abverlangt. Erschwerend kommt (hier: Vorgaben des BFH) hinzu, dass in einer Vorstufe erst einmal aufwändig geprüft werden muss, ob überhaupt eine Überprüfung auf Liebhaberei vorgenommen werden darf. Vor diesem Hintergrund kommt der interessierte Rechtsanwender an einer intensiven Recherche nach einschlägiger Rechtsprechung nicht vorbei.

---

15 Vgl. etwa: FG Düsseldorf, Urteil vom 9.8.2007 – 16 K 840/05 F, EFG 2008, S. 122 (nachgehend im Ergebnis bestätigt: *BFH, Urteil vom 17.9.2008 – IX R 64/07, BStBl II 2009, S. 301*).

II. Grundsätzliches zur Einkunftserzielungsabsicht

1. Zur Einkunftserzielungsabsicht allgemein

1.1 Geschichtliche Entwicklung

Der Begriff der Liebhaberei beschäftigt die Rechtsprechung seit längerem[1]. Bereits der Reichsfinanzhof hat darauf abgestellt, ob der Steuerpflichtige selbst seine Tätigkeit ernstlich zur Erzielung von Einkommen für geeignet halte (so genannter subjektiver Liebhabereibegriff)[2]. Im Jahre 1934[3] hat sich der Reichsfinanzhof von der subjektiven Komponente insoweit distanziert, als er für die Frage der ernsthaften Einkommenserzielungsabsicht auf einen objektiven Maßstab (Bewirtschaftung nach betriebswirtschaftlichen Grundsätzen) abgestellt hat. Nach damaliger Auffassung war nur in Grenzfällen die Willensrichtung des Steuerpflichtigen von Bedeutung. Diese Wende zum objektiven Liebhabereibegriff hatte auch der BFH zunächst vertreten[4]. Die entscheidende Grundlage der heutigen rechtlichen Betrachtung hat dann der Große Senat des BFH mit dem Beschluss vom 25.6.1984[5] gesetzt[6]. Mit diesem Beschluss ist der BFH uneingeschränkt zum subjektiven Liebhabereibegriff zurückgekehrt.

1.2 Keine Rechtfertigung anhand des Gesetzes

Gemäß § 2 Abs. 2 Nr. 2 EStG i. V. m. § 21 EStG sind Einkünfte aus Vermietung und Verpachtung der Überschuss der Einnahmen über die Werbungskosten. Allein aus dieser positiven Umschreibung der Einkünfte lässt sich aber (noch) nicht die Einsicht ableiten, nur jene Einkunftsquellen seien einkommensteuerrechtlich zu berücksichtigen, die auf Dauer gesehen zu einem Gesamtüberschuss führen. Denn diese Gesetzesformulierung umschreibt – über den insoweit unvollständigen Wortlaut hinaus – nicht nur positive, sondern auch negative Einkünfte[7]. Dies wird anderem durch die Regelungen der §§ 2a Abs. 1, 15b EStG verdeutlicht: Diese Normen setzen ausdrücklich negative Einkünfte voraus.

---

1   Zur historischen Entwicklung siehe etwa: *Stein*, Verluste, Rdn. 26–30.
2   Grundsatzentscheidung des RFH vom 14.3.1929 – VI A 1473/28, RStBl 1929, S. 329.
3   RFH, Urteil vom 24.1.1934 – VI A 1230/31, RStBl 1934, S. 501.
4   Vgl. BFH, Urteil vom 21.10.1980 – VIII R 81/79, BStBl II 1981, S. 452.
5   BFH, Beschluss vom 25.6.1984 – GrS 4/82, BStBl II 1984, S. 751.
6   Ausführlich z. B.: *Credo*, Einkünfteerzielungsabsicht, S. 15 ff.
7   Vgl. z.B.: FG Berlin, Urteil vom 21.7.2004 – 2 K 2324/01, HaufeIndex 1349589 (nachgehend: *BFH, Urteil vom 27.10.2005 – IX R 3/05, BFH/NV 2006, S. 525*); bereits Gutachten des BFH vom 25.1.1951 – I D 4/50 S, BStBl III 1951, S. 68.

In weiten Teilen der Literatur[8] und (vereinzelt in der) Rechtsprechung[9] wird (auch) deshalb – gewissermaßen hilfsweise – aus dem in § 2 Abs. 1 Satz 1 EStG formulierten Erfordernis, dass der Steuerpflichtige Einkünfte „erzielt"[10], auch für die Überschusseinkünfte ein gesetzlicher Anknüpfungspunkt für das Rechtsinstitut der Liebhaberei gesehen. Es wird insoweit vorgebracht[11], durch die Verwendung des Begriffs „Erzielen" werde für alle Einkunftsarten ein Zusammenhang hergestellt zwischen den Einkünften und der Tätigkeit oder Vermögensnutzung, durch die sie erwirtschaftet werden. Diese Herleitung geht aber ersichtlich fehl, denn „erzielt" werden auch Verluste und Werbungskostenüberschüsse[12].

Erst eine deutlich erweiterte – am Wortlaut des Gesetzes überhaupt nicht mehr festzumachende – Auslegung des in § 2 EStG normierten Einkommensbegriffs verhilft auch für die Anwendung der §§ 2, 21 EStG zu der Erkenntnis: Negative Einkünfte (Werbungskostenüberschüsse) aus einer Vermietungstätigkeit können nur dann vorliegen, wenn der Steuerpflichtige mit der Absicht tätig wird, auf Dauer gesehen positive Einkünfte zu erzielen. Man spricht von Überschusserzielungsabsicht. Im Bereich der Überschusseinkünfte haben wir es also mit Richterrecht zu tun; das Gesetz sieht die Überschusserzielungsabsicht in keinem Grundtatbestand vor.

1.3 Fundamentalkritik

Wie soeben erwähnt, findet das Erfordernis der Einkunftserzielungsabsicht (Überschusserzielungsabsicht) im Gesetz – dem EStG – keinen systematischen Ausdruck. Es wurde von der Rechtsprechung als subjektives Tatbestandsmerkmal entwickelt. Dieses – von der herrschenden Meinung anerkannte – grundsätzliche Erfordernis wird nach wie vor in Teilen der Literatur in Zweifel gezogen[13]. Es wird hinterfragt, ob eine Überprüfung der Einkunftserzielungsabsicht überhaupt vorgenommen werden dürfe bzw. in der Praxis mit zuverlässigen Ergebnissen vorgenommen werden könne.

Die Rechtsprechung zur Feststellung der Absicht der Einkünfteerzielung sei verfehlt. Die Tatbestandsvoraussetzung der Einkunftserzielungsabsicht habe keine inhaltliche Bedeutung[14]. Es empfehle sich aus Gründen der Einfachheit und Überprüfbarkeit nicht, die Steuerentstehung von der Verwirklichung subjektiver Tatbestands-

---

8   Statt vieler: *Credo*, Einkünfteerzielungsabsicht, S. 29 ff. m.w.N.

9   Z. B.: FG Bremen, Urteil vom 23.2.1995 – 194247 K 1, EFG 1995, S. 840.

10   Ausführlich: *Schlindwein*, Das Erzielen von Einkünften, Berlin 1990, S. 67 ff.

11   So auch Niedersächsisches FG, Urteil vom 30.7.1998 – XIV 407/96, EFG 1999, S. 289.

12   *Stein*, Verluste, Rdn. 34, Kritik 1.

13   Z. B.: *Schmidt/Seeger*, EStG, 23. Aufl. (2004), § 2 Rz. 23; *Lang*, FR 1997, S. 201; *Schuhmann*, StBp 2003, S. 87, 89 ff; *Schuhmann*, StBp 2007, S. 25 ff.

14   *Schmidt/Seeger*, EStG, 23. Aufl. (2004), § 2 Rz. 23.

merkmale abhängig zu machen[15]. Die Grundsatzkritik in der Literatur wurde von der Rechtsprechung bislang nicht aufgegriffen.

1.4 Die Grundsätze des Großen Senates des BFH – GrS 4/82 –

Für die Rechtsprechung richtungsweisend sind die allgemeinen Grundsätze, die der Große Senat des BFH in seinem Fundamentalbeschluss – GrS 4/82 – vom 25.6.1984[16] zur Prüfung der Einkunftserzielungsabsicht – auch für die Einkünfte aus Vermietung und Verpachtung – entwickelt hat: Bei der Ermittlung des Einkommens für die Einkommensteuer sind nur solche positiven oder negativen Einkünfte anzusetzen, die unter die Einkünfte des § 2 Abs. 1 Nr. 1–7 des EStG fallen. Kennzeichnend für die Einkunftsarten ist, dass die ihnen zu Grunde liegenden Tätigkeiten oder Vermögensnutzungen der Erzielung positiver Einkünfte dienen.

Fehlt es an dieser Voraussetzung, so liegt eine einkommensteuerrechtlich irrelevante Liebhaberei vor. Zur Begründung der Grundaussage beruft sich das Gericht auf den Fiskalzweck des Gesetzes: Zweck des EStG sei es „Mittel für die öffentliche Hand zu beschaffen". Dieser Zweck sei nur zu erreichen, wenn „auf Dauer gesehen positive Einkünfte für die Besteuerung erfasst werden können". Hierbei handelt es sich um eine verfassungskonforme Auslegung des in § 2 EStG normierten Einkommensbegriffs als eigenständigen Steuertatbestand[17]. Die vom Großen Senat entwickelten Grundsätze gelten, soweit sie die Überschusseinkünfte betreffen, uneingeschränkt auch für die Einkünfte aus Vermietung und Verpachtung[18]. Teile der Literatur äußern indes Zweifel, ob die vom Großen Senat aufgestellten Rechtsgrundsätze tatsächlich in letzter Konsequenz auf die Einkunftsart Vermietung und Verpachtung übertragbar sind, weil diese Grundsätze in einem ganz anderen Zusammenhang entwickelt worden seien[19].

Meines Erachtens sind diese Zweifel unbegründet, denn der Große Senat hatte sich explizit auf ein Urteil des BFH vom 21.10.1980[20] bezogen, in dem der VIII. BFH-Senat die Auffassung vertreten hatte, dass bei Ferienwohnungen Liebhaberei in Betracht kommt, wenn auf lange Sicht kein Überschuss des nach § 21 Abs. 2 EStG a. F. anzusetzenden Mietwerts über die Werbungskosten zu erwarten ist.

---

15   *Kruse*, Über Liebhaberei, in: Festschrift für Arndt Raupach, 2006, S. 143 ff.; *Lang*, FR 1997, S. 201, 203 ff; weitere Nachweise bei: *Anzinger*, Anscheinsbeweis, S. 273 ff.
16   BFH, Beschluss vom 25.6.1984 – GrS 4/82, BStBl II 1984, S. 751.
17   Vgl. BVerfG, Beschluss vom 24.4.1990 – 2 BvR 177/90, Haufeindex 1552247 und 2 BvR 2/90, HFR 1991, S. 111; vom 18.11.1986 – 1 BvR 330/86, DStZ/E 1987, S. 21 und vom 28.10.1986 – 1 BvR 325/86, Haufeindex 1566265; **kritisch** etwa noch: *Meilicke*, FR 1979, S. 337.
18   Allgemeine Ansicht, statt vieler: *Credo*, Einkünfteerzielungsabsicht, S. 20, m.w.N.
19   *Pezzer*, StuW 2000, S. 457, 463; *Schuhmann*, StBp 2003, S. 87, 89.
20   BFH, Urteil vom 21.10.1980 – VIII R 81/79, BStBl II 1981, S. 452.

1.5 Liebhabereiprüfung im Rahmen des § 21 EStG – Grundsätzliches und Systematik

Bezogen auf die Einkunftsart Vermietung und Verpachtung führt der Große Senat aus, dass eine Vermietertätigkeit einkommensteuerrechtlich nur dann dieser Einkunftsart zuzuordnen ist, wenn der Vermieter die Absicht hat, auf die Dauer der Vermögensnutzung einen Totalüberschuss der Einnahmen über die Werbungskosten zu erzielen. Damit wird deutlich: Entscheidend ist die Art, wie das Objekt bewirtschaftet wird.

1.5.1 Zur Bestimmung der Einkunftsart

Zur Frage, ob und wenn ja, in welchem Umfang die (Bestimmung der) Einkunftsart Einfluss auf die Prüfung der Einkunftserzielungsabsicht hat, werden zwei Meinungen vertreten.

a) Herrschende Meinung – Liebhaberei innerhalb der Einkunftsart prüfen:
Die herrschende Meinung geht davon aus, dass sich die Einkunftserzielungsabsicht nur auf eine einzelne Einkunftsart erstreckt. Nach Auffassung des BFH[21], der Finanzgerichte[22] und wohl auch der Literaturmehrheit[23] muss die Einkunftserzielungsabsicht hauptsächlich wegen des Dualismus der Einkunftsarten aber auch wegen der einkunftsspezifischen Besonderheiten stets (ausnahmslos) für jede Einkunftsart gesondert beurteilt werden. Es ist also erforderlich, zuerst die Einkünftequalifikation, also einen Teil des objektiven Besteuerungstatbestands zu klären, um sodann unter Berücksichtigung dessen Eigengesetzlichkeiten die Frage der Einkunftserzielungsabsicht zu prüfen. Erfüllt ein Sachverhalt nicht nur die Voraussetzung des § 21 Abs. 1 EStG, sondern auch den Tatbestand einer anderen Einkunftsart, ordnet § 21 Abs. 3 EStG die Subsidiarität der Einkunftsart Vermietung und Verpachtung an. Es ist also zunächst zu prüfen, ob Mieteinnahmen gegebenenfalls anderen Einkunftsarten zugerechnet werden müssen[24].

---

21 BFH, Urteil vom 17.3.2010 – IV R 60/07, BFH/NV 2010, S. 1446; BFH, Urteil vom 25.9.2008 – IV R 80/05, BStBl II 2009, S. 266; BFH, Urteil vom 29.3.2007 – IV R 6/05, BFH/NV 2007, S. 1492; BFH, Beschluss vom 13.6.2005 – VIII B 67, 68/04, BFH/NV 2005, S. 2181; BFH, Urteil vom 29.3.2001 – IV R 88/99, BStBl II 2002, S. 791; s. auch BFH, Urteil vom 31.3.1992 – IX R 11/87, BFH/NV 1993, S. 8 und vom 5.5.1988 – III R41/85, BStBl II 1988, S. 778; BFH, Beschluss vom 28.3.2000 – X B 82/99, BFH/NV 2000, S. 1186; siehe auch BFH, Urteil vom 25.6.1996 – VIII R 28/94, BStBl II 1997, S. 202.

22 Exemplarisch: Niedersächsisches FG, Urteil vom 11.9.2003 – 16 K 14353/00, HaufeIndex 1284197; FG Hamburg, Urteil vom 20.3.1995 – VIII 707/91, HaufeIndex 932835.

23 Etwa *Schmidt/Weber-Grellet*, EStG, 23. Aufl. (2004), § 15 Rz. 26; ***Korn/Fuhrmann***, DStZ 2004, S. 394; ***Credo***, Einkünfteerzielungsabsicht, S. 64 ff.; ***Rapp***, Liebhaberei, S. 107; ***Wendt***, BFH-PR 2001, S. 256; ***Urbahns/Becker***, INF 1999, S. 673; ***Schwarz***, DStZ 1991, S. 202, 207/208.

24 Vgl. hierzu etwa ***Stein***, Verluste, Rdn. 68 ff. (Ferienwohnungen: Abgrenzung zu § 15 EStG) und Rdn. 79 ff (Bürovermietung an Arbeitgeber: Abgrenzung zu § 19 EStG).

b) Ausnahmen – Liebhaberei ist offensichtlich: Auf eine vorherige abschließende Klärung der Einkunftsart kann – ausnahmsweise – verzichtet werden, wenn nach der Lage des Einzelfalles die fehlende Einkunftserzielungsabsicht offenkundig ist. Dies kann mit Blick auf die Abgrenzung zu § 15 EStG etwa der Fall sein, wenn mit einer nennenswerten Wertsteigerung, die bei einem Verkauf geeignet sein könnte, die Verluste der Vergangenheit durch einen Veräußerungsgewinn auszugleichen, nicht zu rechnen ist[25] oder vorhersehbar ist, dass ein Verkauf der Immobilie(n) weit unterhalb des Einstandspreises alsbald erfolgen wird[26].

c) Mindermeinung – Liebhaberei unabhängig von der Einkunftsart prüfen: Die zunehmend in der jüngeren Literatur geäußerte Gegenmeinung tendiert mittels Annahme einer einheitlichen wirtschaftlichen Tätigkeit – zu einer Zusammenfassung der Ergebnisse einzelner (mehrerer) Einkunftsarten[27]. Maßgebend sei allein die wirtschaftliche Tätigkeit des Steuerpflichtigen und die steuerliche Erfassung von deren Ergebnissen. Die Erwerbsgrundlage lasse sich nicht in eine verlustvermittelnde und eine erwerbsdienliche Einkunftsart aufspalten; vielmehr seien die Einkünfte nach dem Handlungsplan des Steuerpflichtigen zuzuordnen[28]. Aus der Abgrenzung der Einkunftsarten voneinander könne nichts Gegenteiliges hergeleitet werden, da das Erfordernis der Einkunftserzielungsabsicht alle Einkunftsarten betreffe; es reiche aus, wenn Einkünfte im Sinne des § 2 EStG vorliegen[29].

1.5.2 Vorrang der Liebhabereiprüfung

a) Grundsatz: Die Liebhabereibeurteilung ist der Einkünfteermittlung vorgelagert. Die Überprüfung der Einkunftserzielungsabsicht steht mithin an erster Stelle und hat grundsätzlich Vorrang vor Erwägungen dergestalt, ob ein Mietverhältnis evtl. aus anderen Gründen – etwa Missbrauch i. S des § 42 AO oder so genannter Fremdvergleich – keine steuerliche Berücksichtigung finden kann oder ob gesetzliche Verlustausgleichsbeschränkungen einer steuerlichen Berücksichtigung der Vermietungsverluste entgegenstehen[30].

b) Ausnahme Scheingeschäft: Eine Überprüfung der Einkunftserzielungsabsicht kann indes erst dann erfolgen, wenn keine Zweifel dahin gehend bestehen, dass die äußeren Merkmale einer Vermietungstätigkeit im Sinne des 21 Abs. 1 Nr. 1 EStG gegeben sind. Wenn ein Mietverhältnis tatsächlich nicht besteht, kommt die Erzielung von Einkünften aus Vermietung und Verpachtung ohnehin nicht in Betracht.

---

25 Vgl. Hessisches FG, Urteil vom 24.8.1995 – 11 K 5112/91, HaufeIndex 1092379 (nachgehend: *BFH, Urteil vom 23.6.1999 – X R 113/96, BStBl II 1999, S. 668*).

26 Vgl. etwa FG Saarland, Urteil vom 5.12.2002 – 1 K 215/99, EFG 2003, S. 328.

27 Vgl. *Seeger* in: Schmidt, EStG, 23. Aufl. (2004), § 2 Rz. 30; ähnlich *Beck*, ImmoStR 2/2004, S. 207, 208.

28 *Schmidt-Liebig*, Grundstücksgeschäfte, Rdnrn. 199 und 200.

29 *Pezzer*, StuW 2000, S. 457, 466; *Bornmüller*, BuW 2003, S. 10.

30 Statt vieler: *Naujok*, DStR 2007, S. 1601, 1602; *Beck*, DStR 2006, S. 61.

Bei einem so genannten Scheinmietverhältnis (§ 117 BGB; § 41 Abs. 2 AO 1977) sind die äußeren Merkmale einer Vermietungstätigkeit nicht gegeben[31]. Einige klageabweisende Entscheidungen werden gelegentlich mit sog. Doppelbegründungen versehen[32].

c) Ausnahme verbilligte Vermietung: Die Rechtsprechung des BFH hat für die Behandlung von Fällen mit verbilligter Vermietung besondere Grundsätze entwickelt[33] mit der Folge einer abweichenden Prüfungsreihenfolge: (1.) Die Liebhabereiprüfung ist Bestandteil der Anwendung des § 21 Abs. 2 EStG (Aufteilung des Rechtsgeschäftes) und damit der einfachen Gesetzesanwendung nachrangig. (2.) Auch die Fremdvergleichsprüfung hat – abweichend vom allgemeinen Grundsatz – Prüfungsvorrang: Hält der Mietvertrag und dessen Durchführung einem Fremdvergleich nicht stand, kommt es nicht mehr darauf an, ob und inwieweit eine Aufteilung der Nutzungsüberlassung erfolgen muss[34].

d) Ausnahmsweise keine Liebhabereiprüfung: Aus pragmatischen Gründen haben einige Finanzgerichte die Prüfung auf Liebhaberei – ausnahmsweise – unterlassen, weil sicher war, dass die erklärten Vermietungsverluste bereits aus anderen Gründen (etwa Fremdvergleich) keine steuerliche Berücksichtigung finden[35].

e) Nachrangigkeit der §§ 2a, 15b EStG: Die Vorschrift des § 2a EStG setzt negative Einkünfte mit Auslandsbezug voraus; dies Norm erfasst negative Einkünfte aus der Vermietung von unbeweglichem Vermögen, wenn dieses in einem ausländischen Staat belegen ist. Negative Einkünfte aus einer Vermietungstätigkeit können aber nur dann vorliegen, wenn der Steuerpflichtige mit der Absicht tätig wird, auf Dauer gesehen positive Einkünfte zu erzielen. Somit ist die Liebhabereiprüfung der Frage, ob § 2a EStG greift, grundsätzlich voran zu stellen[36]. Die Einkunftserzielungsabsicht ist auch vor Anwendung des § 15b EStG zu prüfen (zu bejahen), denn § 15b EStG setzt eine Zurechnung von negativen Einkünften und damit eine gegebene Einkunftserzielungsabsicht voraus[37].

---

31 BFH, Urteil vom 21.8.2001 – IX R 45/98, BFH/NV 2002, S. 22: FG ging von Liebhaberei aus, obwohl Indizien für ein Scheingeschäft vorlagen, was zuerst zu überprüfen ist.

32 Vgl. etwa – Liebhaberei und Scheingeschäft – FG Hamburg, Urteil vom 9.3.2004 – VI 161/01, Haufelndex 1219950; s. a. FG Rheinland-Pfalz, Urteil vom 25.7.2001 – 1 K 1370/99, Haufe-Index 682588 (Faktische Doppelbegründung: Liebhaberei und Scheinmietvertrag).

33 Grundlegend: BFH, Urteil vom 5.11.2002 – IX R 48/01, BStBl II 2003, S. 646.

34 BFH, Urteil vom 22.7.2003 – IX R 59/02, BStBl II 2003, S. 806, unter II. d).

35 Vgl. FG Berlin-Brandenburg, Urteil vom 18.9.2009 – 8 K 8051/08 (*n. v.*); FG Saarland, Urteil vom 5.9.2006 – 1 K 222/03, Haufelndex 1674458; FG Münster, Urteil vom 19.2.2002 – 1 K 734/00 F, EFG 2002, S. 737; Thüringer FG, Urteil vom 12.11.2003 – III 917/01, Haufelndex 1232560.

36 FG Saarland, Urteil vom 16.11.2005 – 1 K 333/01, EFG 2006, S. 172; s. a. FG Baden-Württemberg, Urteil vom 1.6.1989 – VI K 49/86, juris; a. A.: Niedersächsisches FG, Urteil vom 18.3.2003 – 13 K 2/99, Haufelndex 1080585.

37 **BMF**-Schreiben vom 17.7.2007, BStBl I 2007, S. 542, Tz. I.

f) Nachrangigkeit der Missbrauchs- und Fremdvergleichsprüfung: Darüber hinaus hat die Liebhabereiprüfung insbesondere Vorrang vor der Prüfung eines Rechtsmissbrauchs im Sinne des § 42 AO[38] und vor der Prüfung des Mietverhältnisses am Maßstab des Fremdvergleichs[39].

1.5.3 Beginn und Wegfall der Einkunftserzielungsabsicht

Als Besteuerungsmerkmal und -grundlage ist die Einkunftserzielungsabsicht für jeden Veranlagungszeitraum zu prüfen. Die Einkunftserzielungsabsicht kann bereits mit dem Beginn der Vermietungstätigkeit vorhanden sein, sie kann aber auch (erst) später einsetzen bzw. später (wieder) wegfallen[40].

a) Späterer Beginn der Einkunftserzielungsabsicht: Bei einer mehrjährigen Vermietungstätigkeit des Steuerpflichtigen kann die Einkunftserzielungsabsicht später einsetzen (etwa wenn sich die wirtschaftliche Grundlage zu Gunsten der Ertragslage verändert) und somit eine einkommensteuerrechtlich relevante Tätigkeit entsprechend später beginnen. Eine zunächst mit Verlust und später mit Überschuss betriebene Vermietungstätigkeit kann deshalb in den Verlustjahren als Liebhaberei gewertet werden[41]. Die stets erforderliche Einkunftserzielungsabsicht kann schon vorliegen, wenn die Grundstücksübertragung zwar noch nicht erfolgt, aber für einen nahen Zeitraum ernsthaft zugesagt ist[42]. Nach Ansicht der Finanzverwaltung soll erneut geprüft werden, ob eine dauernde Vermietungsabsicht vorliegt bei Umwandlung – eines ausdrücklich mit Veräußerungs- oder Selbstnutzungsabsicht vereinbarten – befristeten Mietvertrags in ein unbefristetes Mietverhältnis oder bei erneuter Vermietung dieser Immobilie nach Auszug des Mieters[43]. Entsprechend soll die Einkunftserzielungsabsicht geprüft werden bei Vereinbarung eines befristeten Mietverhältnisses im Anschluss an eine unbefristete Vermietung oder bei verbilligter Überlassung einer Wohnung nach vorheriger nicht verbilligter Überlassung.

b) Späterer Wegfall der Einkunftserzielungsabsicht: Die Einkunftserzielungsabsicht kann später bzw. nachträglich entfallen (etwa wenn die ursprünglichen Erwartungen des Steuerpflichtigen endgültig fehlschlagen, mit der Folge, dass ab diesem Zeitpunkt die einkommensteuerrechtlich relevante Tätigkeit entfällt[44].

---

38 FG Saarland, Urteil vom 14.6.1995 – 1 K 213/94, EFG 1995, S. 837, HaufeIndex 929398; siehe auch FG Düsseldorf, Urteil vom 7.9.2001 – 18 K 5112/94 E, EFG 2002, S. 137; **a. A.**: FG Münster, Urteil vom 20.1.2010 – 10 K 5155/05 E, juris.
39 Etwa BFH, Urteil vom 26.6.2001 – IX R 68/97, BFH/NV 2001, S. 1551 a. E.
40 BFH, Beschluss vom 25.6.1984 – GrS 4/82, BStBl II 1984, S. 751, unter C. IV. 3.c) bb) (1).
41 Vgl. BFH, Beschluss vom 16.6.1995 – X B 216/94, juris.
42 BFH, Urteil vom 31.3.2000 – IX R 6/96, BFH/NV 2001, S. 24.
43 **BMF**-Schreiben vom 8.10.2004, BStBl I 2004, S. 933, **RdNr. 28**.
44 BFH, Beschluss vom 25.6.1984 – GrS 4/82, BStBl II 1984, S. 751, unter C. IV. 3.c) bb) (1); exemplarisch: Schleswig-Holsteinisches FG, Urteil vom 27.10.2004 – 3 K 20157/01, EFG 2005, S. 1049: Vermietung von 1982–1992 mit Einkunftserzielungsabsicht, ab 1993 Liebhaberei.

c) Späterer Wegfall der Einkunftserzielungsabsicht auf Grund Einstellung der Vermietungstätigkeit: Steht der Wegfall der Einkunftserzielungsabsicht mit der Einstellung seiner (auf Einkünfteerzielung gerichteten) Vermietungstätigkeit im Zusammenhang, muss dies nach Ansicht des BFH nicht zwangsläufig zu einem sofortigen Werbungskostenabzugsverbot sämtlicher Aufwendungen führen. Die bis zur Beendigung der Vermietungstätigkeit entstandenen Aufwendungen sind weiterhin durch die ursprünglich zur Erzielung von Einkünften begonnene und unverändert fortgeführte Tätigkeit veranlasst[45]. Durch die betreffende Einkunftsart veranlasste (und die negativen Einkünfte unter Umständen sogar erhöhende) Abwicklungsmaßnahmen werden noch von der ursprünglichen Einkunftserzielungsabsicht mitgetragen[46].

Damit bleiben grundsätzlich jene Aufwendungen als Werbungskosten abziehbar, die (noch) während der Vermietungszeit entstanden sind[47]. Die Vermietungstätigkeit des Steuerpflichtigen dauert an, solange der Vermieter dem Mieter die Nutzung der Mietsache entgeltlich überlässt, also i. d. R. bis zum Ende des Mietverhältnisses (§ 542 BGB). Mit dem Wegfall des Nutzungsrechts des Mieters endet die Vermietungszeit[48]. Aufwendungen, die danach anfallen, werden regelmäßig mit Rücksicht auf die künftige Verwendung getätigt und sind also nicht mehr durch die frühere Vermietung veranlasst[49].

1.5.4 Grundsätzlich objektbezogene Beurteilung

Überlässt der Steuerpflichtige mehrere Objekte entgeltlich zur Nutzung, stellt sich die Frage, ob bei der Liebhabereiprüfung auf das einzelne Objekt oder auf die Mehrheit von Objekten abzustellen ist. Die Frage erlangt praktische Bedeutung, wenn der Steuerpflichtige zum Beispiel zwei Objekte vermietet und sich bei einer Einzelbetrachtung für eines der Objekte ein negatives Gesamtergebnis und für das andere Objekt ein Totalüberschuss ergibt und bei einer Gesamtbetrachtung der Objekte gleichwohl insgesamt von einem Totalüberschuss auszugehen ist.

a) Grundsatz – Getrennte Beurteilung der Objekte: Einkünfte sind das Ergebnis der einzelnen Quelle. Bleibt diese auf Dauer ohne Ertrag, ist sie keine steuererhebliche Erwerbsgrundlage („Liebhaberei"). Deshalb ist die Einkunftserzielungsabsicht auch bei den Überschusseinkunftsarten grundsätzlich für jedes (Vermietungs-)Objekt, das als Einkunftsquelle in Betracht kommt, gesondert festzu-

---

45 Vgl. BFH, Urteil vom 4.3.1997 – IX R 29/93, BStBl II 1997, S. 610; vom 15.5.2002 – X R 3/99, BStBl II 2002, S. 809, unter II. 5.
46 BFH, Urteil vom 29.6.1995 – VIII R 68/93, BStBl II 1995, S. 722; BFH, Urteil vom 31.7.2007 – IX R 51/05, BFH/NV 2008, S. 933 betr. Abbruchkosten.
47 BFH, Urteil vom 11.3.2003 – IX R 16/99, BFH/NV 2003, S. 1043.
48 A. A.: Hessisches FG, Urteil vom 6.4.2006 – 3 K 1524/04, HaufeIndex 1644335.
49 Etwa BFH, Urteil vom 17.12.2002 – IX R 6/99, BFH/NV 2003, S. 610.

stellen[50], d. h. für jedes Vermietungsobjekt, für jede Einzelimmobilie (Wohnung) gesondert zu beurteilen[51]. Die Prüfung, ob der Steuerpflichtige langfristig einen Einnahmenüberschuss aus der Vermietung erzielen will, ist damit grundsätzlich bezogen auf das einzelne Mietverhältnis[52] bzw. auf die auf eine bestimmte Immobilie bezogene Vermietertätigkeit[53]. Es kann somit vorkommen, dass der Steuerpflichtige in einem Gebäude Wohnungen vermietet, die teils als Einkunftsquelle und teils als Liebhaberei zu beurteilen sind[54].

b) Ausnahme 1 – Gruppenbildung bei wirtschaftlich gleicher Funktion:
Dagegen ist wirtschaftlich zusammengehöriges Vermögen zu einer Beurteilungseinheit zusammenzufassen[55]. In Ausnahmefällen ist deshalb eine Zusammenfassung von Immobilien möglich und geboten, wenn sie auf der Grundlage eines Gesamtplans des Steuerpflichtigen vermietet werden[56].

Beispiele:

aa) ***Ein Mieter***: Eine einheitliche Betrachtung kann deshalb erfolgen, wenn die Objekte des Steuerpflichtigen an ein und dieselbe Person vermietet werden und die Nutzungsvereinbarungen nicht als voneinander unabhängig zu betrachten sind.

bb) ***Mehrere Mieter im selben Gebäude***: Mehrere Eigentumswohnungen können einheitlich bewirtschaftet sein, wenn sie an verschiedene Mieter im selben Gebäude zu vergleichbaren Konditionen vermietet werden[57]. Auch der Betrieb einer Pension mit mehreren Ferienwohnungen bzw. -zimmern bildet eine Einheit[58].

cc) ***Mehrere Mieter in verschiedenen Gebäuden***: *Meines Erachtens* können selbst Eigentumswohnungen in verschiedenen Gebäuden einheitlich betrachtet werden, wenn die Gebäude in einem engen räumlichen Zusammenhang stehen und nach

---

50 Etwa BFH, Urteil vom 12.5.2009 – IX R 18/08, BFH/NV 2009, S. 1627.
51 BFH, Beschluss vom 25.6.1984 – GrS 4/82, BStBl II 1984, S. 751 unter C IV 3c (2); BFH, Urteil vom 1.4.2009 – IX R 39/08, BStBl II 2009, S. 776; FG München, Urteil vom 8.4.2009 – 10 K 713/09, EFG 2009, S. 1295.
52 **BMF**-Schreiben vom 8.10.2004, BStBl I 2004, S. 933, **RdNr. 34**; BFH, Urteil vom 28.11.2007 – IX R 9/06, BFH/NV 2008, S. 641; BFH, Beschluss vom 31.10.2003 – IX B 97/03, BFH/NV 2004, S. 196; dazu **kritisch**: *Credo*, Einkünfteerzielungsabsicht, S. 106.
53 BFH, Urteil vom 26.11.2008 – IX R 67/07, BStBl II 2009, S. 370; BFH, Urteil vom 28.11.2007 – IX R 9/06, BFH/NV 2008, S. 641; BFH, Beschluss vom 17.8.2005 – IX R 23/03, BFH/NV 2005, S. 2286 unter II.2.a).
54 *Beck*, ImmoStR 2/2004, S. 207, 224.
55 ***Urbahns/Becker***, INF 1999, S. 673; ***Rödder***, BB 1986, S. 2241, 2244; ***Kanzler***, FR 2010, S. 173.
56 FG Düsseldorf, Urteil vom 20.1.2000 – 15 K 4766/96 E, Haufeindex 651770; FG Köln, Beschluss vom 10.4.1996 – 2 V 5073/95, *n. V*; *Credo*, Einkünfteerzielungsabsicht, S. 109.
57 Vgl. etwa Niedersächsisches FG, Urteil vom 26.4.2001 – 14 K 498/97, EFG 2001, S. 1037 (nachgehend *aber nach Einzelwohnungen differenzierend: BFH, Urteil vom 14.12.2004 – IX R 70/02, BFH/NV 2005, S. 1040*) = Vermietung von neun Ferienwohnungen, die sich in einem Gebäude befinden, als Beurteilungseinheit.
58 ***Urbahns/Becker***, INF 1999, S. 673.

Lage und Ausstattung einen weitgehend gleichen Marktwert aufweisen (z. B. mehrere Wohnungen in einer Wohnanlage[59]). Allerdings können auch hier einzelne Umstände, wie etwa unterschiedliche Anschaffungszeitpunkte, Finanzierungs- oder Bewirtschaftungsformen eine Einzelbetrachtung erforderlich machen.

c) Ausnahme 2 – Steuerrechtlich einheitliche Wirtschaftsgüter aufteilen: Objekte, die steuerrechtlich einheitliche Wirtschaftsgüter sind, sind für Zecke der Prüfung der Einkunftserzielungsabsicht in mehrere Beurteilungseinheiten aufzuteilen, wenn eine unterschiedliche Wesensart der Bewirtschaftung dies gebietet. Eine Aufteilung kann etwa bei einem Gebäude mit zwei Wohnungen geboten sein, wenn die eine Wohnung zur langfristigen Vermietung an Fremde genutzt und die andere Wohnung als (teilweise selbstgenutzte) Ferienwohnung vermietet oder verbilligt an Angehörige überlassen wird.

1.6 Personengesellschaften/-gemeinschaften mit Vermietungseinkünften

Bei einer Personengesellschaft/-gemeinschaft mit Einkünften aus Vermietung und Verpachtung gelten für die Beurteilung der Einkunftserzielungsabsicht die allgemeinen Grundsätze: Bei Grundstücksverwaltungsgesellschaften oder –gemeinschaften sowie bei geschlossenen Immobilienfonds ist bei einer auf Dauer angelegten Vermietungstätigkeit grundsätzlich ohne weitere Prüfung vom Vorliegen der Einkunftserzielungsabsicht auszugehen[60]. Ist in besonderen Fällen jedoch eine Liebhabereiprüfung angezeigt, sind die nachstehenden Rechtsprechungsgrundsätze zu beachten.

1.6.1 Einkunftserzielungsabsicht auf beiden Ebenen erforderlich

Die Einkunftserzielungsabsicht muss sowohl auf der Ebene der Gesellschaft (Gemeinschaft) als auch auf der Ebene des einzelnen Gesellschafters (Gemeinschafters) gegeben sein[61]. Für den Regelfall hält der BFH eine getrennte Beurteilung von Gesellschaftsebene und Gesellschafterebene allerdings nicht für erforderlich[62].

a) Ebene der Gesellschaft: Den einzelnen Gesellschaftern können keine steuerrechtlich relevanten Einkünfte zugerechnet werden, wenn es (bereits) auf der Ebene der Gesellschaft an der erforderlichen Einkunftserzielungsabsicht fehlt[63]. Eine Liebhabereiprüfung auf Ebene der Gesellschaft wird insbesondere erforder-

---

59 Vgl. erneut *Urbahns/Becker*, INF 1999, S. 673.
60 **BMF**-Schreiben vom 8.10.2004, BStBl I 2004, S. 933, **RdNr. 30**.
61 **BMF**-Schreiben vom 8.10.2004, BStBl I 2004, S. 933, **RdNr. 31**; zuletzt: BFH, Urteil vom 11.5.2010 – IX R 28/09, juris.
62 BFH, Urteil vom 5.9.2000 – IX R 33/97, BStBl II 2000, S. 676 und vom 8.12.1998 – IX R 49/95, BStBl II 1999, S. 468.
63 Z. B.: BFH, Beschluss vom 7.12.2006 – IX B 4/06, BFH/NV 2007, S. 714; BFH, Urteil vom 21.11.2000 – IX R 2/96, BStBl II 2001, S. 789.

lich, wenn bei dieser von einem endgültig gefassten Beschluss, auf Dauer zu vermieten nicht ausgegangen werden kann. Bei einem Immobilienfonds ist dies etwa der Fall, wenn (1.) der Verkauf der Fondsimmobilie binnen fünf Jahren nach Herstellung erfolgt, keine Ersatzimmobilie angeschafft wird und der Fonds – abweichend von den Bestimmungen des Gesellschaftsvertrags – durch Gesellschafterbeschluss vorzeitig aufgelöst wird[64] oder (2.) wenn dessen Vermietungstätigkeit bereits konzeptionell auf 15 Jahre[65] oder auf 20 Jahre[66] begrenzt ist.

b) Ebene des Gesellschafters: Ist hingegen auf der Ebene der Gesellschaft die Einkunftserzielungsabsicht als gegeben anzusehen, ist anhand der Sonderwerbungskosten des einzelnen Gesellschafters weiter zu überprüfen, ob auch er einen Totalüberschuss erreichen kann[67] (*sog.* Zweitrechnung).

aa) Prognoserechnung: Im Rahmen der Prognoserechnung sind alle tatsächlich entstandenen Werbungskosten – einschließlich Sonderwerbungskosten – zu berücksichtigen. Ein Verzicht des Steuerpflichtigen auf die Geltendmachung von Werbungskosten ist dabei unerheblich[68].

bb) Nur kurzfristige Beteiligung: Die Einkunftserzielungsabsicht eines Gesellschafters kann insbesondere dann fehlen, wenn er sich nur kurzfristig zur Verlustmitnahme an einer Gesellschaft beteiligt hat[69]. Ein wesentliches Indiz hierfür ist die tatsächliche Veräußerung der Beteiligung binnen fünf Jahren[70] oder eine garantierte, spätere Rückveräußerung der Anteile an die Gesellschaft.

cc) Verhältnisse nach Gesellschaftsauflösung: Die Prüfung der Einkunftserzielungsabsicht auf der Ebene des Gesellschafters hat zur Folge, dass bei der Frage des Totalüberschusses auch auf die Zeit nach der Beendigung der Personengesellschaft abzustellen ist, wenn nach Auflösung der Personengesellschaft Grundstücke von den bisherigen Gesellschaftern übernommen und im Rahmen der Einkünfte aus Vermietung und Verpachtung (oder einer anderen Einkunftsart) eingesetzt werden[71].

---

64 FG München, Urteil vom 9.11.2005 – 1 K 2004/03, HaufeIndex 1475827.
65 FG Düsseldorf, Urteil vom 25.11.2008 – 17 K 846/06 F, juris (nachgehend: *BFH, Urteil vom 11.5.2010 – IX R 28/09, juris).*
66 BFH, Beschluss vom 2.7.2008 – IX B 46/08, BStBl II 2008, S. 815; vgl. dagegen: FG Hamburg, Urteil V. 15.12.2009 – 2 K 247/08, EFG 2010, S. 842.
67 Vgl. etwa: FG Düsseldorf, Beschluss vom 12.12.2007 – 3 V 2319/07 A (F), juris; FG Düsseldorf, Beschluss vom 9.1.2008 – 3 V 3187/07 A (F), EFG 2008, S. 609 FG Düsseldorf, Urteil vom 25.11.2008 – 17 K 846/06 F, juris (nachgehend: *BFH, Urteil vom 11.5.2010 – IX R 28/09, juris).*
68 FG München, Urteil vom 1.10.2003 – 1 K 5185/01, HaufeIndex 1111574.
69 BFH, Urteil vom 5.9.2000 – IX R 33/97, BStBl II 2000, S. 676.
70 **OFD** Düsseldorf/Münster, Vfg. vom 23.9.2004, HaufeIndex 1336191; FG Düsseldorf, Urteil vom 10.10.2007 – 7 K 2177/04 F, juris.
71 Ausführlich: ***Jakob/Hörmann***, FR 1989, S. 665, 676; ***Jakob/Hörmann***, FR 1990, S. 33, 38 f..

1.6.2 Sonderfall: *Verlustzuweisungsgesellschaften*

Von einer zunächst gegen eine Einkunftserzielungsabsicht sprechenden Vermutung ist nach der Rechtsprechung des BFH bei einer Beteiligung an einer so genannten Verlustzuweisungsgesellschaft auszugehen, die interessierte Kapitalanleger mit dem Versprechen von Einkommensteuerminderungen durch Verlustzuweisungen wirbt[72]. Bei Verlustzuweisungsgesellschaften ist – auch im Bereich der Einkünfte aus Vermietung und Verpachtung[73] – im Wege eines Anscheinsbeweises davon auszugehen, dass sie bei ihrer Gründung zunächst keine Einkunftserzielungsabsicht haben, sondern lediglich die Möglichkeit einer späteren Einkunftserzielung in Kauf nehmen[74].

2. Einkunftserzielungsabsicht als innere Tatsache

Die Absicht, Einkünfte zu erzielen, ist eine innere Tatsache, die – wie alle sich in der Vorstellung von Menschen abspielenden Vorgänge – nur anhand äußerlicher Merkmale (Hilfstatsachen) beurteilt werden kann[75]. Aus objektiven Umständen muss auf das Vorliegen oder das Fehlen der Absicht geschlossen werden, wobei einzelne Umstände einen Anscheinsbeweis (prima-facie-Beweis) liefern oder Beweisanzeichen (Indizien) darstellen können[76].

2.1 Totalüberschuss bei objektiver Zukunftsbetrachtung

a) Totalüberschuss muss möglich sein: Entscheidend ist zunächst, ob die Vermietungstätigkeit bei objektiver Betrachtung einen Totalüberschuss erwarten lässt. Bei hohen Anlaufverlusten (Werbungskostenüberschüssen) kann die Einkunftserzielungsabsicht also nur dann bejaht werden, wenn der Steuerpflichtige von einem Totalüberschuss im Laufe der Gesamtnutzung des Wirtschaftsgutes ausgehen konnte[77]. Es genügt nicht, dass irgendwann überhaupt einmal Überschüsse erzielt werden, sondern die Gesamtüberschüsse müssen voraussichtlich so hoch sein, dass sie den bislang aufgelaufenen (Gesmat-)Verlust übersteigen[78].

---

72 **BMF**-Schreiben vom 8.10.2004, BStBl I 2004, S. 933, **RdNr. 32**; BFH, Beschluss vom 5.7.2002 – IV B 42/02, BFH/NV 2002, S. 1447; zuletzt etwa: FG Berlin-Brandenburg, Urteil vom 13.4.2010 – 6 K 5440/04 B, juris.
73 BFH, Urteil vom 21.11.2000 – IX R 2/96, BStBl II 2001, S. 789.
74 Weiteres etwa bei: *Stein*, Verluste, Rdn. 131–138.
75 BFH, Beschluss vom 25.6.1984 – GrS 4/82, BStBl II 1984, S. 751.
76 Z. B.: BFH, Beschluss vom 12.6.1978 – GrS 1/77, BStBl II 1978, S. 620.
77 Z. B.: FG Berlin, Urteil vom 12.4.1994 – VII 427/91, HaufeIndex 1379506.
78 Z. B.: FG Berlin, Urteil vom 14.12.1993 – VII 59/92, HaufeIndex 1379508.

b) Ausnahmefall: *Fehlinvestition*: Ist ein Totalüberschuss zu verneinen, können die Steuerpflichtigen gleichwohl nachweisen, dass sie (1.) zum maßgeblichen Zeitpunkt (Beginn der Vermietung) die objektiven Gegebenheiten verkannt und (2.) erwartet haben, zunächst angefallene Werbungskostenüberschüsse würden im Laufe der Tätigkeit durch Einnahmeüberschüsse ausgeglichen und insgesamt werde ein positives Gesamtergebnis erzielt[79]. Die Steuerpflichtigen, die für das Vorhandensein der Einkunftserzielungsabsicht die Feststellungslast tragen[80], müssen hierzu die objektiven Umstände vortragen, auf Grund derer sie im Beurteilungszeitraum (Totalperiode) erwarten konnten, einen Gesamtüberschuss der Einnahmen über die Werbungskosten zu erzielen[81]. Schon das Streben nach einem nur „bescheidenen Überschuss" reicht nach neuerer Rechtsprechung aus[82]. In diesem Fall bleibt es bei der objektiven Beweislast (für ein Fehlen der Einkunftserzielungsabsicht) des Finanzamts[83].

Aber auch bei einer Fehlinvestition endet allerdings die Einkunftserzielungsabsicht dann, wenn der Steuerpflichtige tatsächlich erkannt hat – oder zumindest hätte erkennen müssen –, dass seine ursprüngliche Vorstellung falsch war und dass die Immobilie tatsächlich nicht geeignet ist, einen Totalüberschuss zu erzielen. Dies hat zur Folge, dass die Verluste der ersten Jahre wegen Vorliegens der Einkunftserzielungsabsicht anzuerkennen sind und erst von einem bestimmten Zeitpunkt an von Liebhaberei ausgegangen werden kann. Grundsätzlich wird man erwarten können, dass etwa nach Ablauf von fünf Jahren der Steuerpflichtige einschätzen kann, ob seine ursprüngliche Vorstellung realistisch war[84].

Das Verhalten des Steuerpflichtigen führt zu unterschiedlichen Rechtsfolgen: Nimmt der Steuerpflichtige die Verluste über einen längeren Zeitraum hin, ohne die Ursachen dafür zu ermitteln und ihnen mit geeigneten Maßnahmen zu begegnen, spricht schon dies dafür, dass er die langjährigen Verluste aus im persönlichen Bereich liegenden Neigungen und Motiven hinnimmt[85]. Reagiert der Steuerpflichtige auf die Verluste indes mit so genannten ertragsverbessernden Maßnahmen, gestatten BFH und Verwaltung ihm eine von den allgemeinen Grundsätzen abweichende – deutlich günstigere – Prognoserechnung[86]. Nicht jede Modernisierung einer Immobilie ist bereits eine – strukturverändernde – ertragsverbessernde Maßnahme; erforderlich ist ein neues wirtschaftliches Konzept.

---

79 Vgl. etwa: BFH, Beschluss vom 26.7.2006 – IX B 162/05, BFH/NV 2007, S. 878; BFH, Urteil vom 6.11.2001 – IX R 97/00, BStBl II 2002, S. 726.
80 Statt vieler: BFH, Beschluss vom 30.11.2005 – IX B 172/04, BFH/NV 2006, S. 720
81 Z. B. BFH, Urteil vom 7.12.1999 – VIII R 8/98, BFH/NV 2000, S. 825, unter II. 3., m.w.N.
82 BFH, Urteil vom 6.11.2001 – IX R 97/00, BStBl II 2002, S. 726.
83 BFH, Urteil vom 13.11.1979 – VIII R 93/73, BStBl II 1980, S. 69.
84 *Beck*, ImmoStR 2/2004, S. 207, 213.
85 Zuletzt etwa: FG Sachsen-Anhalt, Urteil vom 26.4.2007 – 1 K 2337/04, EFG 2007, S. 1944 (nachgehend: *BFH, Urteil vom 2.4.2008 – IX R 63/07, BFH/NV 2008, S. 1323*).
86 Einzelheiten etwa bei: *Stein*, Verluste, Rdn. 270–276.

c) Liebhabereitest mittels Totalüberschussprognose: Die Beantwortung der Frage, ob die Vermietungstätigkeit einen Totalüberschuss erwarten lässt, erfordert eine in die Zukunft gerichtete Beurteilung, die alle Umstände des Einzelfalls berücksichtigt (Totalüberschussprognose). Hierbei können auch die Verhältnisse eines bereits abgelaufenen Zeitraums wichtige Anhaltspunkte liefern[87]. Hilfstatsachen, die erst nach dem Zeitpunkt der Steuerfestsetzung entstanden sind, sind zu berücksichtigen und rechtfertigen gegebenenfalls eine Änderung nach § 173 Abs. 1 Satz 1 Nr. 1 AO, wenn sie einen sicheren Schluss auf die (innere) Haupttatsache (Einkunftserzielungsabsicht) ermöglichen[88], d. h. das Finanzamt (§ 88 AO) bzw. das Gericht (§ 96 FGO) auf Grund der Hilfstatsachen unter Würdigung aller Umstände von dem Vorliegen oder Nichtvorliegen der Haupttatsache überzeugt ist[89].

2.2 Persönliche Gründe – einkommensteuerliche Irrelevanz

a) Verluste als Aufgreifkriterium: Vor allem lang anhaltende Werbungskostenüberschüsse sind für Verwaltung und Gerichte regelmäßig Aufgreifkriterium für eine Überprüfung der Einkunftserzielungsabsicht. Sie können – müssen aber nicht zwingend[90] – auf das Fehlen der Einkunftserzielungsabsicht hindeuten. Vielmehr muss auch bei längeren Verlustperioden aus weiteren Beweisanzeichen die Feststellung möglich sein, dass der Steuerpflichtige die verlustbringende Tätigkeit (auch) aus im Bereich der Lebensführung liegenden persönlichen Gründen oder Neigungen ausübt[91]. Die einkommensteuerliche Unbeachtlichkeit der privaten Motivation an sich ergibt sich mittelbar aus der Vorschrift des § 15 Abs. 2 Satz 2 EStG und des § 12 Nr. 3 EStG.

Ist ein klares persönliches Motiv zunächst nicht erkennbar, stellt die Rechtsprechung die Reaktionen des Steuerpflichtigen auf bereits eingetretene Verluste in den Vordergrund der Betrachtung[92]. M. E. ist aber nicht ersichtlich, weshalb das Finanzamt in dem besonderen Fall andauernd erklärter Vermietungsverluste ohne Besserungsaussicht überhaupt eine private Mitveranlassung nachweisen soll: Allein die bisherigen und die weiteren zu erwartenden Verluste belegen das persönliches Motiv (angestrebte Steuerersparnis) sollten für die Annahme von Liebhaberei ausreichen[93].

87 BFH, Urteil vom 6.11.2001 – IX R 97/00, BStBl II 2002, S. 726.
88 **BMF**-Schreiben vom 8.10.2004, BStBl I 2004, S. 933, **RdNr. 10**.
89 Vgl. FG Baden-Württemberg, Urteil vom 26.1.2000 – 2 K 375/98, HaufeIndex 426405; FG Berlin, Urteil vom 11.3.1998 – 6 K 6305/93, HaufeIndex 930456.
90 Etwa Niedersächsisches FG, Urteil vom 18.11.2008 – 15 K 219/07, juris.
91 BFH, Beschluss vom 25.6.1984 – GrS 4/82, BStBl II 1984, S. 751.
92 Vgl. etwa: Hessisches Finanzgericht, Urteil vom 11.10.2004 – 13 K 562/02, EFG 2007, S. 121.
93 *Stein*, Verluste, Rdn. 148, Hinweis 31.

b) Persönliche Gründe für die Verluste: Persönliche Gründe oder Neigungen im Sinne der Liebhabereirechtsprechung sind alle einkommensteuerrechtlich unbeachtlichen Motive[94], also alle Umstände außerhalb der konkreten jeweiligen Einkunftsart und insbesondere solche zur Erlangung wirtschaftlicher Vorteile (bzw. Vermeidung wirtschaftlicher Nachteile) außerhalb der Einkunftssphäre überhaupt.

Die persönlichen Gründe für die Verlusthinnahme sind sehr weit zu fassen; vornehmlich muss es sich dabei nicht um unmittelbare Gründe der privaten Lebensführung handeln[95]. Derlei Gründe, die einer einkommensteuerlich relevanten Betätigung entgegenstehen, finden sich aber auch – mehr oder weniger offensichtlich – im so genannten Lebensführungsbereich. Darunter fallen etwa[96]: Erholung und Freizeitgestaltung, Persönlicher Ehrgeiz (z. B.: Nichteingeständnis einer wirtschaftlichen Fehlentscheidung), Persönliche Passion im Rahmen gehobener Lebensführung, Wunsch, den Kindern eine wirtschaftliche Existenzgrundlage zu verschaffen, Streben nach Steuerersparnis, Absicht zur Erzielung steuerfreier Veräußerungserlöse und die Absicht der Werterhaltung angelegten Kapitals (auch in inflationären Zeiten).

Ist die Erzielung eines Totalüberschusses ausweislich einer sorgfältig erstellten Totalüberschussprognose sicher auszuschließen, so sind für Erwerb und Haltung des Vermietungsobjektes regelmäßig steuerlich nicht relevante Motive (etwa: privater Veräußerungsgewinn oder Steuerersparnis) ursächlich[97].

c) Feststellung der persönlichen Gründe: Die Erkenntnis, das nur dann (Vermietungs-)Liebhaberei vorliegen kann, wenn neben Dauerverlusten auch private Motive hierfür erkennbar sind, wird aus der Rechtsprechung zu den betrieblichen Einkünften abgeleitet[98]. Es gibt insoweit kein Sonderrecht für die Einkünfte aus Vermietung und Verpachtung. Überhaupt ist Feststellung der persönlichen Motive für die verlustbringende Tätigkeit im Bereich der Einkünfte aus Vermietung und Verpachtung selten problematisch, weil die Rechtsprechung (wie oben erwähnt) hierzu eher geringe Anforderungen stellt[99]: Schon das Vorhandensein anderweitiger (hoher) positiver Einkünfte – auch der des Ehepartners – kann auf ein persönliches Motiv (Steuerersparnis durch Verlustausgleich) hindeuten[100].

---

94 BFH, Urteil vom 19.11.1985 – VIII R 4/83, BStBl II 1986, S. 289; sehr klar auch BFH, Beschluss vom 19.3.1997 – III B 90/96, BFH/NV 1997, S. 571.
95 Z. B.: FG Düsseldorf, Urteil vom 14.11.2002 – 14 K 2707/01 F, HaufeIndex 946034.
96 Einzelnachweise etwa bei: *Stein*, Verluste, Rdn. 151.
97 Z. B.: *Schell*, Besteuerungsmerkmale, S. 106, 107; FG Berlin, Urteil vom 21.7.1988 – IV 267/-86, HaufeIndex 1379501.
98 Hierzu Weiteres etwa bei: *Stein*, Verluste, Rdn. 156–163.
99 Etwa BFH, Urteil vom 29.3.2007 – IV R 6/05, BFH/NV 2007, S. 1492.
100 BFH, Urteil vom 26.2.2004 – IV R 43/02, BStBl II 2004, S. 455 unter 3.b); FG Berlin, Urteil vom 6.10.2004 – 2 K 2232/01, juris; FG München, Urteil vom 11.7.2007 – 1 K 597/07, HaufeIndex 1842049; FG München, Urteil vom 28.3.2007 – 9 K 2689/04, HaufeIndex 1761010.

Neben dem Motiv der Steuerersparnis gilt der Ausgleich der Verluste mit Geldmitteln aus anderen Quellen allgemein als eine – vom wirtschaftlichen Erfolg unabhängige – persönliche Passion und Ausdruck gehobener Lebensführung. An die Höhe dieser anderen Einkünfte werden keine besonderen Ansprüche geknüpft: Es reicht insoweit aus, dass die Einkunftsquelle es dem Steuerpflichtigen erlaubt, daraus seinen Lebensunterhalt zu bestreiten und die Verluste aus der zu beurteilenden Vermietungstätigkeit abzudecken.

Allerdings: Je höher die sonstigen Einkünfte des Steuerpflichtigen und dessen übriges Vermögen sind, umso eher kann er geneigt sein, Verluste aus privaten Gründen in Kauf zu nehmen[101]. Ein Teil der Liebhabereirechtsprechung zu den betrieblichen Einkünften beurteilt dies anders[102]; eine aus dem Verlustausgleich resultierende Steuerersparnis sei für sich genommen im Regelfall kein einkommensteuerrechtlich unbeachtliches Motiv im Sinne der Liebhabereirechtsprechung[103].

Zudem beruht die Vermietung unter nahen Angehörigen regelmäßig auf im Bereich der Lebensführung liegenden persönlichen Gründen, weil es fast immer familiäre Gründe sind, die den Steuerpflichtigen veranlassen, auf Dauer Werbungskostenüberschüsse hinzunehmen[104]. Bei einer Vermietung an Angehörige eher denkbar als bei einer Vermietung an Fremde, dass der Vermieter nicht die Absicht verfolgt, positive Einkünfte zu erzielen. Die persönlichen Gründe werden erst recht deutlich, wenn das verlustbringend vermietete Objekt einem unterhaltsberechtigten Angehörigen des Steuerpflichtigen als Wohnraum dient[105] bzw. die Wohnung verbilligt vermietet wird.

Allerdings hatte der BFH in noch seinem Grundsatzurteil vom 30.9.1997[106] unter Hinweis auf Artikel 6 Grundgesetz ausgeführt, bei langfristiger Vermietung dürfe die Einkunftserzielungsabsicht nicht allein deshalb in Zweifel gezogen werden, weil die Vermietung an Angehörige erfolgt. Diese Aussage steht aber nicht in Widerspruch zu der Annahme, dass Vermietung unter nahen Angehörigen regelmäßig auf im Bereich der Lebensführung liegenden persönlichen Gründen beruht, denn es geht ja nicht um eine generelle Verneinung der Einkunftserzielungsabsicht bei Vermietung an Angehörige, sondern nur darum, dass diese Absicht im Einzelfall

---

101 *Paus*, DStZ 2005, S. 668, 671.
102 Vgl. BFH, Urteil vom 26.2.2004 – IV R 43/02, BStBl II 2004, S. 455 unter 3.b); BFH, Beschluss vom 17.8.2005 – III B 170/04, HaufeIndex 1445682.
103 BFH, Urteil vom 21.7.2004 – X R 33/03, BStBl II 2004, S. 1063; BFH, Urteil vom 23.5.2007 – X R 33/04, BStBl II 2007, S. 874 unter II.2.a); BFH, Beschluss vom 16.7.2008 – X B 25/08, BFH/NV 2008, S. 1673; BFH, Urteil vom 19.3.2009 – IV R 40/06, juris.
104 Sehr klar: *Pezzer*, DStR 1995, S. 1853, 1855; vgl. ferner *Credo*, Einkünfteerzielungsabsicht, S. 250 ff.; siehe auch FG Berlin, Urteil vom 14.12.1993 – VII 59/92, HaufeIndex 1379508.
105 FG Berlin, Beschluss vom 10.7.1997 – 8196/97, HaufeIndex 1379497.
106 BFH, Urteil vom 30.9.1997 – IX R 80/94, BStBl II 1998, S. 771.

zu prüfen ist[107]. Persönliche (Verlust-)Gründe können auch dann offenbar werden, wenn der Steuerpflichtige seinen Rentabilitätsrechnungen (Prognoserechnung) wesentliche Ausgabenpositionen (wie etwa Instandhaltungskosten, Schönheitsreparaturen usw.) außer Acht lässt, d. h. die Rentabilität bei seiner Betrachtung nicht im Vordergrund steht[108].

d) Zusammenfassung: Ein objektives Beweisanzeichen für das Fehlen der Einkunftserzielungsabsicht kann es sein, wenn kein Totalüberschuss der Einnahmen über die Werbungskosten erzielt werden kann und die Vermietertätigkeit (allein) darauf angelegt ist, Steuervorteile dergestalt zu vermitteln, dass andere an sich zu versteuernde Einkünfte nicht versteuert werden müssen[109]. Insbesondere fehlende Reaktionen auf bereits eingetretene (hohe) Vermietungsverluste und das unveränderte Beibehalten eines verlustbringenden Vermietungskonzepts sind gewichtige Beweisanzeichen für eine fehlende Einkunftserzielungsabsicht[110]. Der Grund für die Fortführung der verlustbringenden Tätigkeit liegt dann (allein) im Lebensführungsbereich des Steuerpflichtigen[111], der nur seine persönliche Steuerbelastung aus anderen Tätigkeiten oder Vermögensnutzungen vermindern oder vermeiden will[112].

Je geringer die Wahrscheinlichkeit der Erzielung eines Totalüberschusses ist, umso mehr besteht die Vermutung, dass die „Vermietung" zum Zwecke der Steuerersparnis erfolgt[113]. Insbesondere bei verlustgezeichneten Immobilienobjekten, bei denen ein Totalüberschuss von vornherein ausgeschlossen erscheint, ist neben einem möglichen privaten (nicht steuerbaren) Veräußerungsgewinn[114] regelmäßig der Steuerersparniseffekt als privates Veranlassungsmoment für die Verlusthinnahme maßgebend[115]. Das Streben nach Steuerersparnis wird in Liebhaberei-Streitfällen regelmäßig bereits aus dem Rechtschutzbegehren selbst, d. h. dem angestrebtem Verlustausgleich mit anderen Einkünften, offenkundig[116].

---

107 *Credo*, DStZ 2005, S. 295, 301 (dort Fn. 64).
108 FG Berlin, Urteil vom 15.4.1997 – VII 47/95, EFG 1998, S. 307.
109 Z. B.: BFH, Urteil vom 2.9.1987 – I R 315/83, BFH/NV 1988, S. 300.
110 Exeomplarisch: FG Sachsen-Anhalt, Urteil vom 26.4.2007 – 1 K 2337/04, EFG 2007, S. 1944.
111 Vgl. BFH, Urteil vom 31.3.1987 – IX R 112/83, BStBl II 1987, S. 774, 776.
112 BFH, Beschluss vom 25.6.1984 – GrS 4/82, BStBl II 1984, S. 751.
113 BFH, Beschluss vom 18.12.1996 – IX B 24/96, juris; Hessisches FG, Urteil vom 19.5.1987 – 13 K 10/86, EFG 1987, S. 560; Schleswig-Holsteinisches FG, Urteil vom 27.10.2004 – 3 K 20157/01, EFG 2005, S. 1049; FG Berlin, Urteil vom 21.7.1988 – IV 267/86, Haufelndex 1379501.
114 Etwa *Escher*, Einkünfteerzielungsabsicht, S. 93, 94, m.w.N.
115 Etwa: FG Münster, Urteil vom 10.1.1995 – 6 K 32/92 E, EFG 1995, S. 1025; FG Berlin, Urteil vom 15.4.1997 – VII 47/95, EFG 1998, S. 30; FG Berlin, Urteil vom 12.4.1994 – VII 427/91, Haufelndex 1379506.
116 FG Münster, Urteil vom 21.2.2001 – 10 K 5625/99 F, EFG 2002, S. 460; Niedersächsisches FG, Urteil vom 2.12.2003 – 8 K 10406/01, EFG 2004, S. 1665.

3. Vermietungsabsicht — Wohnungsleerstand

Einkünfte aus Vermietung und Verpachtung gemäß § 21 Abs. 1 Nr. 1 EStG erzielt, wer ein Grundstück gegen Entgelt zur Nutzung überlässt und beabsichtigt, auf die voraussichtliche Dauer der Nutzung des Grundstücks einen Überschuss der Einnahmen über die Werbungskosten zu erzielen[117]. Nach der ständigen Rechtsprechung des BFH[118] können bei den Einkünften aus Vermietung und Verpachtung Aufwendungen nur dann als Werbungskosten nach § 9 Abs. 1 Satz 1 EStG abgezogen werden, wenn (objektiv) ein wirtschaftlicher Zusammenhang mit (Einnahmen aus) einer Vermietung bzw. Verpachtung besteht und diese (subjektiv) zur Förderung der Nutzungsüberlassung getätigt werden. Sind Aufwendungen aber nicht (allein) durch die Einnahmeerzielung (§ 21 Abs. 1 EStG), sondern auch, und zwar nicht unerheblich, durch die private Lebensführung (vgl. § 12 Nr. 1 EStG) bzw. andere außersteuerliche Aspekte veranlasst, können sie nicht als Werbungskosten abgezogen werden[119].

Auch vorab entstandene (vorweggenommene) Werbungskosten setzen denknotwendig die Absicht zur Einkunftserzielung als subjektiven Veranlassungszusammenhang voraus[120]. Die Frage nach der Einkunftserzielungsabsicht kommt also bereits dann ins Spiel, wenn noch keine Einnahmen erzielt werden, jedoch eine Vermietungsabsicht vom Steuerpflichtigen geltend gemacht wird. Für diese Fälle hat die Rechtsprechung folgende Grundsätze entwickelt.

3.1 Aufwendungen für bebaute Grundstücke

Aufwendungen für eine leer stehende Wohnung bzw. ein noch nicht vermietetes Objekt können nach ständiger Rechtsprechung als – vorab entstandene – Werbungskosten nur abgezogen werden, wenn der Entschluss zur Einkunftserzielung endgültig gefasst und später nicht wieder weggefallen ist, das heißt die endgültige Absicht zur dauerhaften Fremdvermietung gegeben ist[121]. Es muss also stets ein (ausreichend bestimmter) wirtschaftlicher Zusammenhang zwischen den Ausgaben und den Einnahmen aus Vermietung und Verpachtung bestehen[122]. Ein hohes Maß an Einsatz, Zeit und Kosten ist ein Indiz dafür[123].

---

117 Vgl. z. B.: BFH, Urteil vom 10.10.2000 – IX R 52/97, BFH/NV 2001, S. 587; BFH, Urteil vom 4.12.2001 – IX R 70/98, BFH/NV 2002, S. 635.
118 Z. B.: BFH, Urteil vom 5.4.2005 – IX R 48/04, BFH/NV 2005, S. 1299; BFH, Urteil vom 21.6.1994 – IX R 62/91, BFH/NV 1995, S. 108 und vom 20.12.1994 – IX R 61/91, BFH/NV 1995, S. 958.
119 BFH, Urteil vom 7.7.2005 – IX R 38/03, BFH/NV 2005, S. 1937.
120 **BMF**-Schreiben vom 8.10.2004, BStBl I 2004, S. 933, **RdNr. 25**.
121 BFH, Urteil vom 25.6.2009 – IX R 54/08, BStBl II 2010, S. 124; BFH, Urteil vom 28.10.2008 – IX R 1/07, BFH/NV 2009, S. 68.
122 Exemplarisch: FG Münster, Urteil vom 17.3.2006 – 2 K 1375/02 E, n. v..
123 Vgl. Hessisches FG, Urteil vom 13.11.2006 – 5 K 278/03, HaufeIndex 1748452.

In aller Regel geht der wirtschaftliche Zusammenhang zwischen den vorwegge-
nommenen Werbungskosten und den späteren Einnahmen mit einem zeitlichen
Zusammenhang einher[124]. Aber auch bei einem längeren zeitlichen Abstand zwischen beiden kann der wirtschaftliche Zusammenhang bestehen, wenn er sich aus
anderen Gegebenheiten des Einzelfalls erkennen lässt. Indes: Je schwieriger sich
die Vermietung gestaltet (etwa wegen der Belegenheit u.s.w.), umso höhere Anforderungen sind an die Intensität der Vermietungsbemühungen zu stellen. D. h.
das Risiko der objektiven Vermietbarkeit[125] trägt der Steuerpflichtige ebenso wie
die Feststellungslast für das Vorliegen des wirtschaftlichen Zusammenhangs der
Aufwendungen mit späteren Einnahmen[126]. Lässt also der Steuerpflichtige eine
Mietwohnung leer stehen, weil er sie demnächst veräußern will (und sich leer
stehende Wohnungen oft besser verkaufen lassen) oder weil er auf eine Erholung des Immobilienmarktes hofft, kann er die laufenden Grundstückskosten nicht
als Werbungskosten bei den Vermietungseinkünften abziehen. Es fehlt an einem
endgültig gefassten Entschluss zur Vermietung.

3.1.1 Wegfall der Vermietungsabsicht

Eine (ursprünglich einmal vorhandene) Vermietungsabsicht kann später wieder
wegfallen. Beruht der Wegfall der ursprünglich vorhandenen Vermietungsabsicht
auf neuen Umständen, begründet dies keinen rückwirkenden Wegfall der Einkunftserzielungsabsicht. Werden Aufwendungen zu einer Zeit getätigt, in der der
Steuerpflichtige seinen Entschluss zur Einkünfteerzielung noch nicht aufgegeben
hat, so bleibt der Zusammenhang mit der Einkunftsart auch dann bestehen, wenn
diese Absicht später wegfällt[127]. Aber auch nach Aufgabe der Einkunftserzielungsabsicht können vorab entstandene bzw. vergebliche Werbungskosten (weiter)
abziehbar sein, wenn der Steuerpflichtige sie tätigt, um sich aus einer gescheiterten
Investition zu lösen und so die Höhe der vergeblich aufgewendeten Kosten zu be-
grenzen[128].

3.1.2 Verzögerte Realisierung der beabsichtigten Vermietung

Vom Steuerpflichtigen nicht zu verantwortende Verzögerungen bei der Umsetzung des Entschlusses zur Einkunftserzielung schließen einen Werbungskosten-

---

124 FG Saarland, Urteil vom 23.5.2006 – 1 K 443/02, HaufeIndex 1526927; BFH, Urteil vom 6.9.2006 –
     IX R 13/05, BFH/NV 2007, S. 406.
125 Exemplarisch: FG München, Urteil vom 17.9.2009 – 5 K 942/07, juris (nachgehend *im Ergeb-
     nis bestätigt: BFH, Urteil vom 20.7.2010 – IX R 49/09, juris*).
126 Exemplarisch: FG München, Urteil vom 21.4.1998 – 2 K 4202/96, HaufeIndex 938968.
127 Vgl. etwa BFH, Urteil vom 4.11.2003 – IX R 55/02, BFH/NV 2004, S. 484.
128 Vgl. etwa BFH, Urteil vom 12.7.2006 – IX R 47/05, BFH/NV 2007, S. 658; Urteil vom 7.6.2006
     – IX R 45/05, BStBl II 2006, S. 803.

abzug nicht zwingend aus[129]. Die Verzögerung muss jedoch einen überschaubaren Zeitraum umfassen; ein Leerstand von mehr als zwei oder gar mehr als fünf Jahre ist problematisch[130]. Ausnahmsweise kann aber auch bei einem Leerstand bis zu zehn Jahren die Absicht des Steuerpflichtigen zur Einnahmeerzielung (Vermietungsabsicht) gegeben sein, wenn die Vermietbarkeit des Objektes außer Zweifel steht und keine Formen einer privaten Nutzung (etwa Eigennutzung zu Wohnzwecken, Veräußerung) erkennbar sind[131].

3.1.3 Objektiver Nachweis der Vermietungsabsicht

Die Absicht des Steuerpflichtigen zur Einnahmeerzielung (Vermietungsabsicht) muss anhand objektiver Umstände feststellbar sein[132]; d. h. es müssen hierfür erkennbare äußere Merkmale vorliegen[133]. Dabei ist vor allem darauf abzustellen, wie sich der Steuerpflichtige, (ggf.) auch in späteren Veranlagungszeiträumen, tatsächlich verhalten hat[134].

a) Beweislast liegt beim Steuerpflichtigen: Für die Ernsthaftigkeit und Nachhaltigkeit der Vermietungsbemühungen trägt der Steuerpflichtige die Feststellungslast (Darlegungs- und Beweislast)[135]. Die ernsthafte Vermietungsabsicht muss während der gesamten Leerstandszeit bestanden haben[136]. Bestehende Ungewissheiten über das Vorliegen der Vermietungsabsicht gehen also zu Lasten des Steuerpflichtigen[137]. Ein Werbungskostenabzug scheidet deshalb aus, wenn sich nicht absehen lässt, ob und gegebenenfalls wann Einnahmen erzielt werden[138]. Eine Mindestgrenze für die Vermietungsbemühungen wurde bislang nicht festgelegt[139].

---

129 So wohl auch: FG Hamburg, Urteil vom 16.4.1998 – V 132/95, HaufeIndex 978793; Siehe auch FG Saarland, Urteil vom 23.5.2006 – 1 K 443/02, HaufeIndex 1526927.

130 Etwa: Hessisches FG, Urteil vom 14.11.2007 – 1 K 1315/05, HaufeIndex 1979323 (ein Jahr); Niedersächsisches FG, Urteil vom 21.11.1985 – XII 553/84, HaufeIndex 1216171 (zwei Jahre); FG München vom 6.4.2006 – 1 V 892/06 (fünf Jahre); weitere Nachweise etwa bei: *Stein*, Verluste, Rdn. 181.

131 FG Saarland, Urteil vom 23.5.2006 – 1 K 443/02, HaufeIndex 1526927.

132 **BMF**-Schreiben vom 8.10.2004, BStBl I 2004, S. 933, **RdNr. 25**; statt vieler weiterer: Sächsisches FG, Urteil vom 8.7.2009 – 2 K 509/09, juris.

133 BFH, Urteil vom 31.7.2007 – IX R 30/05, BFH/NV 2008, S. 202.

134 BFH, Urteil vom 19.12.2007 – IX R 50/07, BFH/NV 2008, S. 1111.

135 **BMF**-Schreiben vom 8.10.2004, BStBl I 2004, S. 933, **RdNr. 27**; BFH, Urteil vom 9.7.2003 – IX R 102/00, BStBl II 2003, S. 940; FG München, Urteil vom 26.7.2005 – 6 K 694/03, HaufeIndex 1438149; FG Rheinland-Pfalz, Urteil vom 3.5.2004 – 5 K 2253/01, HaufeIndex 1166470; FG Hamburg, Urteil vom 13.10.2003 – II 262/02, HaufeIndex 1092665; Niedersächsisches FG, Urteil vom 19.7.2007 – 10 K 583/03, EFG 2007, S. 1770; FG Hamburg, Urteil vom 24.8.2007 – 2 K 8/06, juris; FG Brandenburg, Urteil vom 11.3.2003 – 3 K 3086/00, juris; FG Köln, Urteil vom 21.11.2005 – 12 K 436/01, juris.

136 FG Rheinland-Pfalz, Urteil vom 3.5.2004 – 5 K 2253/01, HaufeIndex 1166470.

137 Etwa: Hessisches FG, Urteil vom 14.11.2007 – 1 K 1315/05, HaufeIndex 1979323.

138 Etwa: FG Münster, Urteil vom 21.12.2005 – 1 K 3108/02 E, EFG 2006, S. 812.

139 BFH, Urteil vom 12.5.2009 – IX R 18/08, BFH/NV 2009, S. 1627; BFH, Urteil vom 28.10.2008 – IX R 1/07, BFH/NV 2009, S. 68.

b) Nachweismöglichkeiten: Bloße Absichtserklärungen, ein Objekt langfristig vermieten zu wollen, reichen für einen Abzug vorweggenommener Werbungskosten also keinesfalls aus. Vielmehr muss der Steuerpflichtige sein ernsthaftes und nachhaltiges Bemühen um eine Vermietung des leer stehenden Objektes auch im Einzelnen nachweisen, z. B. durch Einschaltung eines Maklers (ggf. mehrere) mit Vermietungsauftrag, Beauftragung der Wohnungsverwaltung mit der Mietersuche, fortgesetzte Zeitungsinserate (auch: Vorlage von Rechnungen über derartige Zeitungsinserate), Anbieten im Internet (Nachweis durch Ausdrucke mit Tag und Uhrzeit), Benennung von Mietinteressenten[140] (die dies auch bestätigen können, Benennung der Besuchstermine von Mietinteressenten) sowie Darlegung der Umstände, weshalb es letztlich nicht zu einer Vermietung an die von ihm benannten Mietinteressenten gekommen ist (sog. Negativnachweis).

c) Zur Qualität der Nachweise: Finanzämter und Gerichte legen Wert auf die Nachhaltigkeit der Inserate[141]; lediglich zwei[142] oder drei[143] Inserate jährlich werden als „Alibi-Aktion" für das Finanzamt und nicht als ernsthafter Vermietungsversuch gewertet. Die Einschaltung eines Maklers und fortgesetzte Zeitungsinserate reichen zum Nachweis der ernsthaften Vermietungsabsicht indes nicht aus, wenn nur spezielle Wunschmieter[144] gesucht werden oder eine Vermietung nur zu einem der Marktsituation nicht entsprechendem Mietzins (Wuchermiete) angeboten wird[145].

Dies erst recht, wenn die geforderte Miete noch erhöht wird, obwohl sich bereits auf dem bisher hohen Niveau des gewünschten Mietzinses kein Mietinteressent finden ließ[146]. Ebenfalls nicht ausreichend sind etwa Vermietungsangebote (Zettel) an Bäumen[147] oder an Pinnwänden[148] in Super- und Baumärkten, die Verteilung eines Flyers[149] u.s.w. Auch der Hinweis, die Wohnung sei schwer vermietbar, weil milieugeschädigt ist ebenso wenig ausreichend wie der Vortrag, eine Selbstnut-

---

140 FG Düsseldorf, Urteil vom 8.4.2008 – 13 K 1896/05 E, HaufeIndex 2037358 (nachg. BFH, Urteil v. 12.5.2009 – IX R 18/08); Hessische FG, Urteil v. 14.11.2007 – 1 K 1315/05, HaufeIndex 1979323.
141 FG München, Urteil vom 14.10.2009 – 1 K 845/09, juris.
142 FG München, Urteil vom 22.10.2008 – 1 K 77/07, EFG 2009, S. 250.
143 FG München, Urteil vom 21.4.1998 – 2 K 4202/96, HaufeIndex 938968; s. a. FG Düsseldorf, Urteil vom 8.4.2008 – 13 K 1896/05 E, HaufeIndex 2037358 (nachgehend BFH, Urteil vom 12.5.2009 – IX R 18/08, BFH/NV 2009, S. 1627).
144 Vgl. Niedersächsisches FG, Urteil vom 15.4.2010 – 10 K 11283/09, juris.
145 Z. B. FG Berlin, Urteil vom 16.3.2004 – 5 K 8030/02, EFG 2004, S. 1447 (bestätigt: *BFH, Urteil vom 18.1.2006 – IX R 18/04, BFH/NV 2006, S. 1078)*; ferner: FG Bremen, Urteil vom 25.9.2003 – 1 K 644/02, juris; FG Rheinland-Pfalz, Urteil vom 29.7.2008 – 1 K 2476/05, n. v..
146 FG München, Urteil vom 21.4.1998 – 2 K 4202/96, HaufeIndex 938968.
147 FG Hamburg, Urteil vom 24.8.2007 – 2 K 8/06, HaufeIndex 1827656.
148 FG Rheinland-Pfalz, Urteil vom 3.5.2004 – 5 K 2253/01, HaufeIndex 1166470.
149 FG Berlin-Brandenburg, Urteil vom 8.7.2009 – 7 K 3007/05 B, juris.

zung komme nicht in Betracht[150]. Im Klartext: Ohne Maklerauftrag oder laufend fortgesetzte Zeitungsinserate kein Werbungskostenabzug[151].

3.1.4 Beispiele für „privat" veranlassten Leerstand

Von einem überwiegend auf privaten Motiven beruhenden Leerstand geht die Rechtsprechung in folgenden Fällen aus:

a) Offensichtliche persönliche Gründe: Ein Werbungskostenabzug scheidet aus, wenn eine Wohnung längere Zeit leer steht, weil sie der Eigentümer aus persönlichen Gründen nicht für eine angemessene Zeit vermieten will[152].

b) Mehrjährige Renovierung/Umgestaltung: Bei nachweislich bestehender Renovierungsbedürftigkeit kann eine zügige Renovierung nicht gefordert werden, denn der Steuerpflichtige muss die Möglichkeit haben, die Renovierung in Eigenleistung durchzuführen[153]. Ein Leerstehenlassen wegen mehrjähriger Renovierung der Wohnung kann aber auf eine fehlende Einkunftserzielungsabsicht hindeuten, wenn ein Bemühen um die Fertigstellung zur Vermietung nicht erkennbar ist[154]. Erforderlich ist eine (erkennbar) zielgerichtete Tätigkeit auf die Herstellung eines vermietungsfähigen Zustandes des Objektes[155]; der Nachweis hierfür obliegt dem Steuerpflichtigen.

Je länger der Zeitpunkt der Aufwendungen gegenüber der Verwirklichung des Tatbestandes der Einkunftserzielung zurückliegt, umso eher ist die Annahme gerechtfertigt, dass die Aufwendungen nicht durch Erzielung steuerbarer Einnahmen, sondern durch die steuerlich unbeachtliche Erhaltung privater Vermögenssubstanz

---

150 FG München, Urteil vom 12.12.2005 – 1 K 4734/02, Haufeindex 1475840.

151 Hessisches FG, Urteil vom 14.11.2007 – 1 K 1315/05, Haufeindex 1979323; Hessisches FG, Urteil vom 14.11.2007 – 1 K 335/05, Haufeindex 1979326; FG München, Urteil vom 12.12.2005 – 1 K 4734/02, Haufeindex 1475840; FG Köln, Urteil vom 28.4.2009 – 8 K 1214/07, juris; FG Sachsen-Anhalt, Urteil vom 26.2.2009 – 1 K 313/05, juris.

152 FG München, Urteil vom 6.11.1973 – II 116/69, EFG 1974, S. 109; Hessisches FG, Urteil vom 16.11.1989 – 10 K 998/89, EFG 1990, S. 428.

153 FG München, Urteil vom 26.7.2005 – 6 K 694/03, Haufeindex 1438149; FG Hamburg, Urteil vom 15.2.2000 – VI 130/99, Haufeindex 509256; s. a. FG Münster, Urteil vom 3.4.1995 – 13 K 3835/93 E, EFG 1995, S. 804.

154 **BMF**-Schreiben vom 8.10.2004, BStBl I 2004, S. 933, **RdNr. 24**; FG München, Beschluss vom 6.4.2006 – 1 V 892/06, Haufeindex 1680981; FG Baden-Württemberg, Urteil vom 12.1.1995 – 6 K 16/94, EFG 1995, S. 669; FG Baden-Württemberg, Urteil vom 17.7.1996 – 6 V 8/96, EFG 1996, S. 1211; FG Münster, Urteil vom 3.4.1995 – 13 K 3835/93 E, EFG 1995, S. 804; FG Baden-Württemberg, Urteil vom 6.3.1997 – 6 K 251/95, Haufeindex 1148092.

155 FG Hamburg, Urteil vom 16.4.1998 – V 132/95, Haufeindex 978793; FG München, Urteil vom 24.7.2007 – 6 K 4730/05, Haufeindex 1805457; Niedersächsisches FG, Urteil vom 6.5.2010 – 11 K 12069/08, EFG 2010, S. 1199.

veranlasst sind[156]. Hat sich der Steuerpflichtige indes nachweislich um eine Renovierung der Wohnung (mit dem Ziel der anschließenden Vermietung) bemüht und diese aber wegen fehlender Finanzmittel nicht fortsetzen und abschließen können, kann eine Einkunftserzielungsabsicht auch bei länger andauerndem Leerstand gegeben sein[157].

c) Absicht zur Selbstnutzung: Ebenso wenig abzugsfähig sind Renovierungskosten und andere Aufwendungen, die (möglicherweise) in der Absicht der anschließenden Nutzung zu eigenen Wohnzwecken getätigt werden[158]. Die Behauptung, ein mündlicher Mietvertrag sei abgeschlossen worden, vermag bei tatsächlicher späterer Selbstnutzung der Wohnung keine ernst gemeinte Vermietungsabsicht zu belegen[159].

Die Finanzverwaltung sieht es aber als möglich an, dass sich der Steuerpflichtige erst nachträglich zur Selbstnutzung entschieden hat und in den Vorjahren die Aufwendungen wegen der (bis dahin ggf. vorhandenen) Vermietungsabsicht als Verlust geltend machen darf[160]. Den hierfür nötigen Nachweis wird der Steuerpflichtige aber wohl nur in Ausnahmefällen erbringen können. Die Rechtsprechung war bisher ohnehin strenger: Ein Abzug vorweggenommener Werbungskosten scheide auch dann aus, wenn eine Vermietungsabsicht zwar ursprünglich vorhanden war, jedoch durch die Selbstnutzungsabsicht ersetzt wird[161].

d) Zeitweise unentgeltliche Nutzungsüberlassung: Aufwendungen können mangels objektiver Vermietungsmöglichkeit keine vorab entstandene Werbungskosten sein, wenn vor der Vermietung einem Dritten eine zeitweise unentgeltliche Nutzungsmöglichkeit eingeräumt wird[162].

---

156 FG BaWü, Urteil vom 10.4.1990 – IV K 61/86, EFG 1990, S. 571; Niedersächsisches FG, Urteil vom 6.5.2010 – 11 K 12069/08.

157 FG Saarland, Urteil vom 23.5.2006 – 1 K 443/02, HaufeIndex 1526927; vgl. a. BFH, Urteil vom 31.7.2007 – IX R 30/05, BFH/NV 2008, S. 202, unter II.2.a).

158 FG München, Urteil vom 25.9.2008 – 15 K 4747/06, juris; FG Rheinland-Pfalz, Urteil vom 30.4.2007 – 5 K 2884/03, juris; FG Münster, Urteil vom 17.3.2006 – 2 K 1375/02 E; Hessisches FG, Urteil vom 15.2.2006 – 5 K 4231/02, HaufeIndex 1644151; FG Köln, Urteil vom 21.11.2005 – 12 K 436/01, juris; FG München, Urteil vom 6.12.2001 – 1 K 4562/00, HaufeIndex 841091; FG Baden-Württemberg, Urteil vom 22.6.2001 – 12 K 308/00, HaufeIndex 624788; FG Saarland, Urteil vom 13.12.2001 – 2 K 2/98, HaufeIndex 671259; FG Köln, Urteil vom 23.1.2001 – 8 K 250/95, HaufeIndex 644907; FG Nürnberg, Urteil vom 1.12.2000 – III 184/99, HaufeIndex 565570; Niedersächsisches FG, Urteil vom 21.1.1997 – VII 646/95, HaufeIndex 1123049.

159 Niedersächsisches FG, Urteil vom 26.6.1996, StEd 1997, S. 767.

160 **BMF**-Schreiben vom 8.10.2004, BStBl I 2004, S. 933, **RdNr. 24**; so auch: BFH, Beschluss vom 21.9.2006 – IX B 79/06, BFH/NV 2007, S. 50.

161 Etwa: FG München, Urteil vom 6.12.2001 – 1 K 4562/00, HaufeIndex 841091.

162 FG Baden-Württemberg, Urteil vom 3.12.2003 – 5 K 359/03, HaufeIndex 1111578, nachgehend *differenzierend: BFH, Urteil vom 11.1.2005 – IX R 5/04, BFH/NV 2005, S. 1255, m.w.N.*

e) Absicht zur Veräußerung: Lässt ein Steuerpflichtiger ein Objekt leer stehen, um es zu verkaufen (und hierbei gegebenenfalls eine Erholung des Immobilienmarktes abzuwarten), scheidet ein Abzug vorweggenommener Werbungskosten g8leichfalls aus[163].

f) Tatsächliche Veräußerung: Die Leerstandszeit vor einer (tatsächlich erfolgten) Grundstücksveräußerung ist – auch ohne eine offenkundige oder vom Steuerpflichtigen erklärte Veräußerungsabsicht – nicht einkünfterelevant, wenn ein konkreter (enger) wirtschaftlicher Zusammenhang der Aufwendungen und den erhofften Einnahmen aus einer definitiv beschlossenen Vermietung des Objekts nicht zweifelsfrei nachgewiesen werden kann[164]. Dies gilt erst recht, wenn die Veräußerungsabsicht offensichtlich ist bzw. war[165]. Die Verwaltung sieht es zwar auch als möglich an, dass sich der Steuerpflichtige erst nachträglich zum Verkauf entschieden hat und in den Vorjahren die Aufwendungen wegen der Vermietungsabsicht als Verlust geltend machen darf[166]. Den nötigen Nachweis wird der Steuerpflichtige aber nur in Ausnahmefällen erbringen können[167]. Nur die Behauptung des Steuerpflichtigen, er habe die Vermietungsabsicht erst kurz vor dem Verkauf aufgegeben, kann keinen Werbungskostenabzug begründen.

g) Zeitnahe Veräußerung bzw. zeitnaher Abbruch des Gebäudes: Bereits der Umstand einer zeitnahen Veräußerung – regelmäßig innerhalb von fünf Jahren – ist (bei vermieteten wie auch) bei leer stehenden Objekten ein Indiz für das Fehlen der Einkunftserzielungsabsicht[168]. Gleiches gilt, wenn das aufstehende Gebäude binnen kurzer nach Erwerb abgebrochen wird[169].

h) Objektiv fehlende Vermietbarkeit / unterbliebene Marktanpassung: Auch die objektiv fehlende Vermietbarkeit (z. B. größere Mängel[170] an der Mietsache oder die fortdauernde Nutzung der Räume zur Einlagerung von Möbeln[171]), die

---

163 FG München, Urteil vom 7.8.2007 – 6 K 3097/06, juris; Niedersächsisches FG, Urteil vom 16.1.1981 – IX 105/77, HaufeIndex 425675; vgl. auch BFH, Urteil vom 5.4.2005 – IX R 48/04, BFH/NV 2005, S. 1299.

164 FG München, Urteil vom 31.3.2003 – 13 K 4083/00, HaufeIndex 944772; FG München, Urteil vom 7.10.2003 – 2 K 3982/00, HaufeIndex 1014503; FG Baden-Württemberg, Urteil vom 24.8.1994 – 2 K 220/93, EFG 1995, S. 201; FG Berlin, Urteil vom 28.6.1988 – V 93/87, HaufeIndex 845545.

165 FG München, Urteil vom 19.5.2010 – 10 K 288/09, juris.

166 **BMF**-Schreiben vom 8.10.2004, BStBl I 2004, S. 933, **RdNr. 24**.

167 Siehe **indes**: Thüringer FG, Urteil vom 24.6.2009 – 4 K 200/08 *(n. v.)*: Verkauf nach drei Jahren Leerstand unschädlich.

168 BFH, Urteil vom 9.7.2003 – IX R 48/02, BFH/NV 2004, S. 170; BFH, Urteil vom 9.7.2003 – IX R 30/00, BFH/NV 2004, S. 1382

169 FG München, Urteil vom 29.11.2006 – 1 K 1946/06, HaufeIndex 1780848: Abbruch zweieinhalb Jahre nach Erwerb; **a. A.**: BFH, Urteil vom 19.12.2007 – IX R 50/07, BFH/NV 2008, S. 1111.

170 FG Münster, Urteil vom 24.9.1996 – 5 K 5212/94 E, EFG 1997, S. 213; Thüringer FG, Urteil vom 21.1.2010 – IV 1346/04, n.v.

171 FG München, Urteil vom 26.7.2005 – 6 K 694/03, HaufeIndex 1438149.

nicht in absehbarer Zeit beseitigt werden kann, schließt die Anerkennung vorab entstandener Werbungskosten aus[172]. Gleiches gilt bei unterbliebener Anpassung an die Markterfordernisse[173].

i) Überangebot bzw. mangelnde Nachfrage am Markt: Der Steuerpflichtige kann sich zudem nicht mehr auf ein (Fort-)Bestehen der Vermietungsabsicht berufen, wenn die Immobilie wegen eines Überangebotes am Markt nicht vermietbar ist[174]. Gleiches gilt, wenn es schlicht an der Nachfrage fehlt[175].

3.1.5 Alternative Vermietungs- und Veräußerungsabsicht

a) Wohnung war vor dem Leerstand nicht vermietet: Hat der Steuerpflichtige eine Wohnung bisher nicht – oder nur in ganz geringfügigem Umfang[176] – vermietet, scheidet ein Abzug vorweggenommener Werbungskosten aus, wenn das Objekt alternativ zur Vermietung oder zum Verkauf angeboten wird[177]. Ab dem Monat der erstmaligen Verkaufsabsicht dürfen keine Werbungskosten mehr abgezogen werden[178]. Eine Verkaufsabsicht ist schon anzunehmen, wenn ein Steuerpflichtiger nur noch auf ein passendes Angebot wartet, um sein Grundstück zu verkaufen. Für eine Verneinung der Vermietungsabsicht kommt es dann nicht darauf an, ob er darüber hinaus noch Eigeninitiative entfaltet und etwa Verkaufsanzeigen aufgibt oder einen Makler einschaltet[179].

Eine parallel zur Vermietungsabsicht vorhandene Verkaufsabsicht eines bislang nicht vermieteten Objektes steht der Einkunftserzielungsabsicht auch dann entgegen, wenn die Verkaufsbemühungen nicht zum Erfolg führen, etwa dann, wenn eine zeitweise leer stehende Wohnung nicht verkauft, sondern später wieder vermietet wird; denn es fehlt insoweit an einem endgültig gefassten Entschluss zur Einkunftserzielung. Überhaupt ist dieser nicht gegeben, wenn nicht feststeht, ob das Objekt zur Vermietung, zur Eigennutzung oder zum Verkauf verwendet werden soll[180].

---

172 FG Sachsen-Anhalt, Urteil vom 12.12.2007 – 2 K 1585/04, juris.
173 Hessisches FG, Beschluss vom 25.1.2010 – 5 V 2138/09, juris; BFH, Urteil vom 25.6.2009 – IX R 54/08, BStBl II 2010, S. 124.
174 A. A.: FG München, Beschluss vom 10.5.2004 – 9 V 1082/04, HaufeIndex 1171387.
175 Niedersächsisches FG, Urteil vom 1.11.2006 – 9 K 380/03, EFG 2007, S. 1075 (nachgehend *BFH, Urteil vom 4.3.2008 – IX R 11/07, BFH/NV 2008, S. 1462*); siehe auch FG Sachsen-Anhalt, Urteil vom 12.12.2007 – 2 K 1585/04, HaufeIndex 1963413.
176 Vgl. FG Berlin, Urteil vom 16.3.2004 – 5 K 8030/02, EFG 2004, S. 1447 (nachgehend *bestätigt durch BFH, Urteil vom 18.1.2006 – IX R 18/04, BFH/NV 2006, S. 1078*.
177 BFH, Urteil vom 28.10.2008 – IX R 1/07, BFH/NV 2009, S. 68; BFH, Urteil vom 19.12.2007 – IX R 30/07, BFH/NV 2008, S. 1300.
178 Vgl. FG Rheinland-Pfalz, Urteil vom 25.3.1993 – 7 K 2039/90, EFG 1994, S. 390.
179 FG Köln, Urteil vom 13.12.2001 – 15 K 6179/94, HaufeIndex 856504.
180 FG München, Urteil vom 7.10.2003 – 2 K 3982/00, HaufeIndex 1014503; FG Rheinland-Pfalz, Urteil vom 20.3.2003 – 4 K 2699/98, HaufeIndex 940367; vgl. auch **BMF**-Schreiben vom 8.10.2004, BStBl I 2004, S. 933, **RdNr. 24**.

b) Wohnung war vor dem Leerstand bereits vermietet: Anders verhält es sich grundsätzlich, wenn das Objekt vor dem Leerstand bereits vermietet war. Die Rechtsprechung des BFH[181] ist hier großzügiger:

aa) BFH-Rechtsprechung: In diesem Fall entfällt der Werbungskostenabzug (der auf die Leerstandszeit entfallenden Aufwendungen) nur dann, wenn mit dem Beginn des Leerstandes der Wohnung die Einkunftserzielungsabsicht aufgegeben wird[182]. Der BFH[183] hat dazu entschieden, dass (1.) Aufwendungen für eine Wohnung, die nach (auf Dauer angelegter) Vermietung leer steht, als Werbungskosten abziehbar sind, solange der Steuerpflichtige seine Einkunftserzielungsabsicht nicht endgültig aufgegeben hat, (2.) von einer Aufgabe der Einkunftserzielungsabsicht nicht ausgegangen werden kann, solange sich der Steuerpflichtige ernsthaft und nachhaltig um eine Vermietung der Wohnung bemüht (hierfür trägt er indes die Feststellungslast) und (3.) der Anerkennung von Aufwendungen nicht entgegensteht, wenn der Kläger neben seiner Absicht zur Vermietung der leer stehenden Wohnung auch deren Veräußerung beabsichtigt.

Macht der Steuerpflichtige einen Werbungskostenabzug unter Berufung auf eine fortbestehende Vermietungsabsicht geltend, muss er im Rahmen seiner Feststellungslast und der damit einher gehenden Beweisvorsorgepflicht[184] die Vermietungsabsicht anhand objektiver Umstände schlüssig darlegen[185]. In einschlägigen Fällen wird es also notwendig sein, das ernsthafte und nachhaltige Bemühen um eine Neuvermietung, etwa durch wiederholte Anzeigen in entsprechenden Publikationen bzw. Vermietungsaufträge an Makler, und dessen Ergebnisse konkret zu belegen.

bb) Abgrenzung zu Fällen mit fehlender Einkunftserzielungsabsicht: Für die Aufgabe der Einkunftserzielungsabsicht kann hingegen sprechen: (1.) Die vorherige tatsächliche Vermietung ist als nur geringfügig anzusehen (z. B. sehr kurze Vermietungsphase) Hier erlangt eine alternative Vermietungs- und Veräußerungs-

---

181 BFH, Urteil vom 9.7.2003 – IX R 102/00, BStBl II 2003, S. 940; zur Kritik siehe: *Stein*, Verluste, Rdn. 212–222.

182 Etwa BFH, Urteil vom 6.5.2003 – IX R 89/00, BFH/NV 2004, S. 1381 unter II.1; zuletzt: Thüringer FG, Urteil vom 21.1.2010 – IV 1346/04, n.v.; FG Nürnberg, Urteil vom 16.6.2010 – 3 K 910/2008, juris.

183 BFH, Urteil vom 9.7.2003 – IX R 102/00, BStBl II 2003, S. 940 – Leiturteil – vgl. auch die Folgeentscheidungen: BFH, Urteil vom 9.7.2003 – IX R 48/02, BFH/NV 2004, S. 170; BFH, Urteil vom 9.7.2003 – IX R 30/00, BFH/NV 2004, S. 1382; BFH, Urteil vom 14.10.2003 – IX R 11/03, BFH/NV 2004, S. 1384.

184 FG München, Urteil vom 22.10.2008 – 1 K 77/07, EFG 2009, S. 250.

185 Thüringer FG, Urteil vom 21.1.2010 – IV 1346/04, n.v; FG München, Urteil vom 22.10.2008 – 1 K 77/07, EFG 2009, S. 250; FG München, Urteil vom 12.12.2005 – 1 K 4734/02, HaufeIndex 1475840; FG Saarland, Urteil vom 13.12.2001 – 2 K 2/98, HaufeIndex 671259.

absicht eine schädliche Indizwirkung[186]; ein Werbungskostenabzug ist damit, ebenso wie bei einer bisher nicht vermieteten Immobilie, ausgeschlossen. (2.) Die besondere Herrichtung der Wohnung zu eigenen Wohnzwecken oder zu Wohnzwecken von Angehörigen, denen die Wohnung anschließend unentgeltlich überlassen wird[187]. (3.) Der Steuerpflichtige will die leer stehende Wohnung verkaufen, und hält sie – weil die Marktlage einen Verkauf zu einem aus der Sicht des Steuerpflichtigen angemessenen Kaufpreis nicht zulässt – vorübergehend für kurzfristige Vermietungen bereit[188]. (4.) Größere Schäden am Objekt werden vom Steuerpflichtigen nicht behoben[189]; dies spricht gegen die vom Steuerpflichtigen behauptete Vermietungsabsicht.

3.2 Aufwendungen für unbebaute Grundstücke

Werden Aufwendungen, z. B. Schuldzinsen, Geldbeschaffungskosten und Grundsteuer, für ein unbebautes Grundstück als Werbungskosten geltend gemacht, muss[190] ein endgültig und bleibend gefasster Entschluss (Wille) des Steuerpflichtigen, durch die Errichtung eines Gebäudes (mehrerer Gebäude) Einkünfte aus Vermietung und Verpachtung zu erzielen aus äußeren Umständen erkennbar und in ein konkretes Stadium getreten sein.

3.2.1 Bebauung in überschaubarer Zeit

a) Bebaubarkeit als Voraussetzung: Eine vorhersehbare Bebaubarkeit des Grundstücks zum Anschaffungszeitpunkt ist Voraussetzung für die weitere Prüfung des Abzugs der grundstücksbezogenen Aufwendungen als vorab entstandene Werbungskosten. Der Werbungskostenabzug ist nämlich nur dann denkbar, wenn der Steuerpflichtige bereits bei der Anschaffung des Grundstücks konkret damit rechnen kann, das Grundstück nach einer überschaubaren Zeit bebauen zu dürfen[191]. Eine wahrscheinliche Bebaubarkeit ist im Allgemeinen anzunehmen, wenn bereits ein

---

186 FG München, Urteil vom 19.5.1999 – 1 K 5104/97, HaufeIndex 1101489; vgl. auch FG Berlin, Urteil vom 16.3.2004 – 5 K 8030/02, EFG 2004, S. 1447,nachgehend *bestätigt durch BFH, Urteil vom 18.1.2006 – IX R 18/04, BFH/NV 2006, S. 1078.*

187 BFH, Urteil vom 6.5.2003 – IX R 89/00, BFH/NV 2004, S. 1381.

188 BFH, Urteil vom 5.4.2005 – IX R 48/04, BFH/NV 2005, S. 1299.

189 FG München, Urteil vom 24.7.2007 – 6 K 4730/05, HaufeIndex 1805457; FG Rheinland-Pfalz, Urteil vom 20.3.2003 – 4 K 2699/98, HaufeIndex 940367.

190 Als Abzugsvoraussetzung: BFH, Urteil vom 15.12.1981 – VIII R 107/79, BStBl II 1992, S. 495; BFH, Urteil vom 4.6.1991 – IX R 30/89, BStBl II 1991, S. 761; BFH, Urteil vom 4.6.1991 – IX R 89/88, BFH/NV 1991, S. 741; vgl. a.: FG Köln, Urteil vom 17.4.2007 – 10 K 4626/06, EFG 2007, S. 1167 (nachgehend bestätigt: *BFH, Urteil vom 19.12.2007 – IX R 30/07, BFH/NV 2008, S. 1300*) — vgl. auch die Klageabweisung bereits im ersten Rechtsgang: FG Köln, Urteil vom 27.10.2005 – 4853/00); vgl. zuletzt: FG München, Urteil vom 16.12.2009 – 10 K 3037/08, juris.

191 Z. B.: FG Baden-Württemberg, Urteil vom 5.4.2001 – 5 K 495/99, HaufeIndex 585024; BFH, Urteil vom 4.6.1991 – IX R 30/89, BStBl II 1991, S. 761.

Verfahren zur Aufstellung eines Bebauungsplanes eingeleitet worden ist. Ist die Möglichkeit der Aufstellung eines rechtskräftigen Flächennutzungsplanes auszuschließen, muss die Bebaubarkeit indes verneint werden[192].

b) Bebaubarkeit ist nur Indiz: Die Tatsache, dass ein Grundstück bebaubar ist, hat im Rahmen der Gesamtwürdigung lediglich die Bedeutung eines Indizes. Es kann nämlich nicht ohne weiteres angenommen werden, dass ein unbebautes Grundstück tatsächlich bebaut wird[193]. Hierbei darf nämlich nicht außer Acht gelassen werden, dass Bauerwartungsland häufig zu Spekulationszwecken, also ohne konkrete Bebauungsabsicht, erworben wird[194]; denkbar ist etwa auch eine beabsichtigte Nutzung als Gartengrundstück[195]. Deshalb werden insbesondere an den Nachweis der Bebauungsabsicht bzw. die Glaubhaftmachung der Vermietungsabsicht hohe Anforderungen gestellt; alle Umstände des Falles sind zu berücksichtigen[196].

c) Nachweis der Bebauungsabsicht: Neben der nachzuweisenden Bebaubarkeit muss eine Bebauungsabsicht, die der Steuerpflichtige nachhaltig zu verwirklichen sucht, eindeutig erkennbar sein[197]. Die Branchenzugehörigkeit des Grundstückseigentümers ist ein Indiz für eine Bebauungsabsicht[198]. Zum Zwecke des Nachweises der Bebauungsabsicht sollten konkrete Bebauungspläne nach einem überschaubaren Zeitraum vorliegen[199]; starre Zeitgrenzen für die Verfolgung bzw. Verwirklichung der Bebauungsabsicht gibt es aber nicht[200]. Um eine konkrete Bebauungsabsicht zu belegen, sind im Wesentlichen folgende Maßnahmen erforderlich[201]: (1.) Beauftragung eines Architekten zur Bauplanung, (2.) Stellen einer Bauvoranfrage bzw. (3.) Stellen eines Baugenehmigungsantrages und (4.) Einleitung von Maßnahmen zur Sicherstellung der Finanzierung des Bauvorhabens. Allein der Bebauungsvorschlag eines Architekten (der nur im Eintrag der zu

---

192 FG München, Urteil vom 30.4.1998 – 13 K 4291/95, HaufeIndex 1113421.
193 FG München, Urteil vom 12.11.2001 – 13 K 1785/98, HaufeIndex 664777.
194 Hessisches FG, Beschluss vom 3.3.2005 – 3 V 425/04, HaufeIndex 1344110; FG München, Urteil vom 23.7.2003 – 1 K 126/00, HaufeIndex 1111566; FG München, Urteil vom 12.11.2001 – 13 K 1785/98, HaufeIndex 664777; FG Baden-Württemberg, Beschluss vom 15.4.1995 – 6 V 8/95, EFG 1995, S. 880; siehe *bereits*: **OFD** Hannover, Vfg. vom 14.9.1984 — S 2253 – 135 – StO 223, juris.
195 Vgl. FG München, Urteil vom 23.7.2003 – 1 K 126/00, HaufeIndex 1111566.
196 BFH, Urteil vom 5.3.2008 – X R 48/06, BFH/NV 2008, S. 1463; BFH, Beschluss vom 12.10.2006 – IX B 202/05, BFH/NV 2007, S. 226.
197 FG München, Urteil vom 23.7.2003 – 1 K 126/00, HaufeIndex 1111566; BFH, Urteil vom 4.6.1991 – IX R 89/88, BFH/NV 1991, S. 741; FG Baden-Württemberg, Urteil vom 8.12.1988 – VIII K 345/85, EFG 1989, S. 508; FG Rheinland-Pfalz, Urteil vom 25.3.1993 – 7 K 2039/90, EFG 1994, S. 390.
198 FG München, Beschluss vom 26.10.2000 – 10 V 1717/00, HaufeIndex 604551.
199 FG Baden-Württemberg, Beschluss vom 15.4.1995 – 6 V 8/95, EFG 1995, S. 880.
200 FG Nürnberg, Urteil vom 18.7.2000 – I 241/99, HaufeIndex 510180.
201 Etwa: Niedersächsisches FG, Urteil vom 11.5.1993 – VIII (II) 733/89, EFG 1993, S. 779.

bebauenden Flächen in eine Lageskizze besteht) reicht zum Nachweis einer Bebauungsabsicht nicht aus[202].

d) Mehrere Jahre zwischen Erwerb und Bebauung: Längere Zeitabstände zwischen Erwerb und (beabsichtigter) Bebauung können den Werbungskostenabzug zweifelhaft werden lassen. Der *zeitliche Zusammenhang* zwischen den Aufwendungen und der Einkunftserzielung ist zwar kein zusätzliches Tatbestandsmerkmal des § 9 Abs. 1 EStG; er kann aber den wirtschaftlichen Zusammenhang offenkundig machen, seinen Nachweis erleichtern, möglicherweise auch einen Beweis des ersten Anscheins begründen[203]. Vergehen zwischen Erwerb und Bebauung eines baureifen Grundstücks mehrere Jahre, so ist die Absicht zur Einkunftserzielung jedenfalls dann glaubhaft gemacht, wenn (1.) dem Veräußerer vertragsgemäß ein Abschlag auf Erschließungskosten gezahlt, (2.) ein Bauantrag gestellt wird und (3.) Vorkehrungen zur Finanzierung der Baumaßnahme getroffen werden[204]. Der Erwerb eines Baugrundstücks und die tatsächliche Bebauung innerhalb eines Zeitraums von zehn Jahren[205] kann (ausnahmsweise noch) für eine Einkunftserzielungsabsicht sprechen, wenn der Steuerpflichtige seine Baupläne während dieser Zeit fortwährend verfolgt.

Doch selbst wenn die Rechtslage hinsichtlich der Bebaubarkeit des Grundstücks unklar ist, können vorab entstandene Werbungskosten auch sechs[206] oder gar acht[207] Jahre nach dem Grundstückserwerb abzugsfähig sein, wenn der Steuerpflichtige an seinem Baukonzept im Wesentlichen festhält. Ist das Grundstück jedoch nach mehr als zehn Jahren immer noch unbebaut, kann ein wirtschaftlicher Zusammenhang der Aufwendungen mit den – behaupteten – späteren Einnahmen nicht (mehr) angenommen werden[208]. Aber auch bei geringeren Zeitabständen ist die Absicht zur Einkunftserzielung dann nicht erkennbar, wenn im Laufe der Jahre immer wieder andere Gründe für weitere Verzögerungen angeführt werden[209].

Die wiederholte Verlängerung einmal erteilter Baugenehmigungen spricht für sich allein noch nicht für die tatsächliche Absicht zur Bebauung; es kann hier nämlich

---

202 FG München, Urteil vom 25.3.1997 – 11 K 3095/95, HaufeIndex 951742.
203 BFH, Urteil vom 12.5.2009 – IX R 18/08, BFH/NV 2009, S. 1627; BFH, Urteil vom 10.3.1981 – VIII R 195/77, BStBl II 1981, S. 470.
204 Siehe FG Düsseldorf, Urteil vom 2.9.1993 – 14 K 25/88 E, HaufeIndex 845513.
205 FG Köln, Urteil vom 19.2.2003 – 4 K 2216/00 (*n. v.*).
206 FG Düsseldorf, Urteil vom 26.5.1994 – 8 K 1564/91 F, EFG 1994, S. 1042.
207 FG München, Beschluss vom 26.10.2000 – 10 V 1717/00, HaufeIndex 604551.
208 FG München, Urteil vom 12.11.2001 – 13 K 1785/98, HaufeIndex 664777; FG Baden-Württemberg, Beschluss vom 15.4.1995 – 6 V 8/95, EFG 1995, S. 880; FG München, Urteil vom 13.9.2006 – 11 K 1802/02, EFG 2008, S. 207 (nachgehend *bestätigt durch BFH, Urteil vom 26.11.2008 – IX R 67/07, BStBl II 2009, S. 370*).
209 FG München, Urteil vom 23.7.2003 – 1 K 126/00, HaufeIndex 1111566.

nahe liegen, dass der Steuerpflichtige sich die Möglichkeit der Bebauung kostengünstiger erhalten wollte, als im Falle der Einreichung eines neuen Baugesuchs[210].

e) Veräußerung des Grundstücks vor Bebauung: Wird ein Grundstück in Bebauungs- und Vermietungsabsicht erworben, später dann aber veräußert, sind die Aufwendungen für dieses Grundstück so lange als Werbungskosten abzugsfähig, wie sich aus äußeren Umständen feststellen lässt, dass die Bebauungsabsicht nicht aufgegeben wurde[211].

3.2.2 Glaubhaftmachung der Bebauungs- und Vermietungsabsicht

Der Steuerpflichtige muss anhand objektiver Umstände den wirtschaftlichen Zusammenhang der mit dem unbebauten Grundstück zusammenhängenden Aufwendungen sowohl mit der späteren Bebauung als auch mit einer anschließenden Nutzung des Gebäudes zur Erzielung von Einkünften aus Vermietung und Verpachtung überzeugend darlegen und gegebenenfalls nachweisen[212]. Die Notwendigkeit letzteren Nachweises liegt auf der Hand: Es besteht selbst bei nachweislicher Errichtung eines Gebäudes die Möglichkeit, dass das Grundstück nicht durch Vermietung oder Verpachtung genutzt wird, sondern eine andere – einkommensteuerlich irrelevante – Verwendung, etwa (1.) Veräußerung des Grundstücks nach Bebauung, (2.) Nutzung, durch Wohnen im eigenen Haus oder (3.) unentgeltliche Übereignung auf die Kinder, in Betracht kommt[213].

Der Wille, Einkünfte aus Vermietung und Verpachtung in Bezug auf das unbebaute Grundstück zu erzielen, muss also aus den äußeren Umständen erkennbar und in ein konkretes Stadium getreten sein[214]. Bei dieser, alle Umstände des Falles berücksichtigenden, Prüfung können sowohl das zeitliche Moment als auch das spätere Verhalten des Steuerpflichtigen eine Rolle spielen[215]. Stellt sich später heraus, dass der Steuerpflichtige die Bebauungsabsicht aufgegeben hat (hatte), kommt ggf. eine Änderung bestandskräftiger Veranlagungen nach § 173 Abs. 1 Nr. 1 AO in Betracht[216].

---

210 Vgl. FG Baden-Württemberg, Beschluss vom 15.4.1995 – 6 V 8/95, EFG 1995, S. 880.
211 FG München, Urteil vom 28.9.2005 – 9 K 4800/03, HaufeIndex 1444265.
212 FG München, Urteil vom 23.7.2003 – 1 K 126/00, HaufeIndex 1111566; FG München, Urteil vom 12.11.2001 – 13 K 1785/98, HaufeIndex 664777; vgl. auch BFH, Urteil vom 14. 7. 2004 – IX R 56/01, BFH/NV 2005, S. 37; BFH, Urteil vom 4.6.1991 – IX R 89/88, BFH/NV 1991, S. 741; **OFD** Hannover, Vfg. vom 14.9.1984 — S 2253 – 135 – StO 223, juris.
213 Deutlich: FG München, Urteil vom 12.11.2001 – 13 K 1785/98, HaufeIndex 664777.
214 Etwa: BFH, Urteil vom 19.12.2007 – IX R 30/07, BFH/NV 2008, S. 1300, m.w.N; FG München, Urteil vom 28.9.2005 – 9 K 4800/03, HaufeIndex 1444265; FG Nürnberg, Urteil vom 18.7.2000 – I 241/99, HaufeIndex 510180; FG München, Urteil vom 30.4.1998 – 13 K 4291/95, HaufeIndex 1113421.
215 Z. B.: Hessisches FG, Beschluss vom 3.3.2005 – 3 V 425/04, HaufeIndex 1344110.
216 **OFD** Hannover, Vfg. vom 14.9.1984 — S 2253 – 135 – StO 223, juris, unter Ziff. 3.

3.2.3 Alternative Vermietungs- und Veräußerungsabsicht

Eine – neben der Vermietungsabsicht – erkennbare Bereitschaft des Steuerpflichtigen zur Veräußerung des noch unbebauten Grundstücks schließt den Abzug vorweggenommener Werbungskosten zwingend aus[217]. Gleiches gilt bei Veräußerungsbereitschaft eines – nicht bewohnbaren – Rohbaus[218].

3.3 Aufwendungen vor Erwerb eines Vermietungsobjektes

Aufwendungen, die dem späteren Erwerb eines Vermietungsobjektes dienen sollen, etwa Besichtigungsfahrten oder Fahrten zu einer Immobilienfirma, können ebenfalls nur dann vorab entstandene Werbungskosten sein, wenn der Entschluss zur Einkunftserzielung endgültig gefasst ist. Es muss ein ausreichend bestimmter wirtschaftlicher Zusammenhang zwischen den Ausgaben und den Einnahmen aus Vermietung und Verpachtung bestehen.

Sind die Aufwendungen im Zeitpunkt ihrer Verausgabung nicht erkennbar auf die Begründung einer Einkunftsquelle gerichtet, können vorab entstandene Werbungskosten selbst dann nicht angenommen werden, wenn die Einkunftsquelle später tatsächlich begründet wird. So sind etwa Aufwendungen für Besichtigungsfahrten, Porto und Telefonate keine vorab entstandenen Werbungskosten, wenn erst drei Jahre später Mieteinnahmen erzielt werden und der Steuerpflichtige keine detaillierten Angaben zu den von ihm besichtigten Objekten machen kann[219].

---

217 BFH, Urteil vom 14. 7. 2004 – IX R 56/01, BFH/NV 2005, S. 37.
218 FG Rheinland-Pfalz, Urteil vom 25.3.1993 – 7 K 2039/90, EFG 1994, S. 390.
219 FG Brandenburg, Urteil vom 20.12.1995 – 2 K 953/95 E, HaufeIndex 982952.

III. Die Totalüberschussprognose

1. Die Einkunftserzielungsabsicht als zweigliedriges Merkmal

a) Zweistufige Prüfung: Die Beurteilung von negativen Einkünften aus der Vermietung von Immobilien nach § 21 Abs. 1 Nr. 1 EStG erfolgt in zwei aufeinander folgenden Prüfschritten: Zunächst ist festzustellen, ob das Gesamtergebnis der voraussichtlichen Vermögensnutzung positiv sein wird (Totalüberschuss). Ist dies nicht der Fall, so ist zu prüfen, ob das voraussichtliche negative Gesamtergebnis auf Gründen beruht, die im Bereich der privaten Lebensführung liegen[1]. Der vom BFH geschaffene zweigliedrige Liebhabereibegriff verkörpert also eine zweistufige Prüfung mit einer objektiven und einer subjektiven Komponente.

Die Frage, ob die Vermietungstätigkeit einen Totalüberschuss erwarten lässt, hängt mithin zunächst ab[2] von einer – unter Heranziehung aller objektiv erkennbaren Umstände – zu treffenden Prognose über die voraussichtliche Dauer der Vermögensnutzung, die in dieser Zeitspanne voraussichtlich erzielbaren steuerpflichtigen Erträge (§ 8 EStG) und anfallenden Werbungskosten (§ 9 EStG). Bei einem sich abzeichnenden Totalüberschuss ist die „Prüfung" beendet; die Einkunftserzielungsabsicht ist gegeben; etwaige im Bereich der privaten Lebensführung des Steuerpflichtigen liegende Gründe sind dann nicht (mehr) von Bedeutung.

b) Liebhabereiprüfung nur in Sonderfällen: Das heißt aber nicht, dass in jedem Fall mit länger anhaltenden Vermietungsverlusten das Vorhandensein der Einkunftserzielungsabsicht in diesem Sinne zu überprüfen ist. Der für die Einkünfte aus Vermietung und Verpachtung zuständige IX. Senat des BFH hat nämlich die Fallgestaltungen, bei denen seiner Ansicht nach Liebhaberei überhaupt nur vorliegen kann, unter Zugrundelegung einer typisierenden Betrachtungsweise für den Bereich der Einkünfte aus Vermietung und Verpachtung stark eingegrenzt[3]. Die Erstellung einer Totalüberschussprognose zur Ermittlung eines positiven Gesamtergebnisses ist danach nur in Sonderfällen geboten.

c) Private Gründe bei Kurzzeitvermietung unbeachtlich: In Fällen, bei denen der Steuerpflichtige in der Zeit seiner nicht auf Dauer angelegten Vermietungstätigkeit kein positives Gesamtergebnis erreichen kann, kommt es zur Annahme fehlender Einkunftserzielungsabsicht nicht darauf an, aus welchen Gründen – z. B. der Lebensführung im Sinne von § 12 EStG – der Steuerpflichtige den Werbungs-

---

1   Dies sind alle einkommensteuerrechtlich unbeachtlichen Motive: BFH, Urteil vom 19.11.1985 – VIII R 4/83, BStBl II 1986, S. 289.

2   Vgl. BFH, Urteil vom 9.5.2000 – VIII R 77/97, BStBl II 2000, S. 660 unter A. I. 3.a, m.w.N.

3   Grundlegend: BFH, Urteil vom 30.9.1997 – IX R 80/94, BStBl II 1998, S. 771.

kostenüberschuss hinnimmt[4]. Damit weicht BFH von dem sog. zweigliedrigen Liebhabereibegriff des großen Senates des BFH ab[5].

2. Die Prognose

2.1 Grundsätzliches

Der Große Senat stellt bei den Einkünften aus Vermietung und Verpachtung auf das positive Gesamtergebnis der Vermögensnutzung (Totalerfolg) ab[6]. Nicht maßgebend für die Annahme der Einkunftserzielungsabsicht ist also, ob in einem oder mehreren Jahren ein Überschuss erzielt wird. Vielmehr muss der Saldo der Dauer der Vermögensnutzung – ohne Berücksichtigung von Wertänderungen im Vermögen – einen positiven Ertrag ausweisen. Der Totalerfolg verkörpert einen Überbegriff, der sowohl den Totalüberschuss für die Überschusseinkunftsarten als auch den Totalgewinn für die Gewinneinkunftsarten erfasst. Mit seinem grundlegenden Urteil vom 6.11.2001[7] (zur Problematik der Ferienwohnungen) hat der BFH zur Prognoserechnung für die Vermietungseinkünfte klare Vorgaben gemacht.

2.1.1 Zeitpunkt der Prognoseerstellung

Die Absicht, mit einer neu vorgenommenen wirtschaftlichen Transaktion auf die Dauer der Gesamtnutzung einen Überschuss zu erzielen, muss von vornherein bestehen. Entsprechend muss die Prognose notwendig vor Durchführung der investiven Schritte erfolgen und vom insoweit darlegungsbelasteten Steuerpflichtigen grundsätzlich bereits bei der erstmaligen steuerlichen Geltendmachung der Einkünfte aus Vermietung und Verpachtung dem Finanzamt vorgelegt werden[8].

2.1.2 Prognose als Schätzung

Die im Prognosezeitraum voraussichtlich zu erwartenden Einnahmen und Ausgaben sind zu schätzen[9]. Die vom BFH ausdrücklich vorgenommene Qualifikation der Totalüberschussprognose als Schätzung gemäß § 162 AO[10] gebietet es – ebenso wie bei jeder anderen Schätzung nach § 162 AO – von allen denkbaren

---

4   BFH, Urteil vom 9.7.2002 – IX R 47/99, BStBl II 2003, S. 580.
5   *Stein*, Verluste, Rdn. 251, Kritik 3.
6   BFH, Beschluss vom 25.6.1984 – GrS 4/82, BStBl II 1984, S. 751.
7   BFH, Urteil vom 6.11.2001 – IX R 97/00, BStBl II 2002, S. 726.
8   Vgl. z. B.: Schleswig-Holsteinisches FG, Urteil vom 20.12.2000 – III 445/96, HaufeIndex 706341; FG Hamburg, Urteil vom 4.11.2005 – I 69/05, EFG 2006, S. 310 (nachgehend: *BFH, Urteil vom 29.3.2007 – IX R 7/06, BFH/NV 2007, S. 1847*).
9   BFH, Urteil vom 6.11.2001 – IX R 97/00, BStBl II 2002, S. 726.
10   BFH, Beschluss vom 26.7.2006 – IX B 162/05, BFH/NV 2007, S. 878.

und vertretbaren Prognosewerten schließlich denjenigen zu Grunde zu legen, der den größten Grad der Wahrscheinlichkeit für sich hat[11].

2.1.3 Zuschlag und Abschlag von je 10 %

a) Langzeitprognose: Da eine Prognose mit einer Schätzung der Einnahmen und Ausgaben naturgemäß viele Unsicherheitsfaktoren enthält, sind bei der Gesamtsumme der geschätzten Einnahmen ein Sicherheitszuschlag von 10 % und bei der Gesamtsumme der geschätzten Ausgaben ein Sicherheitsabschlag von 10 % vorzunehmen[12]. Teile der Literatur sehen hierin eine Begünstigung der Vermietungseinkünfte ohne sachliche Rechtfertigung[13].

b) Kurzzeitprognose ohne Zu- und Abschlag: Bei einer Kurzzeitprognose – etwa bei einer Veräußerung binnen fünf Jahren – ist eine solche Hinzu- und Abschätzung nicht vorzunehmen[14]. Wegen der nur kurzen Prognosedauer (deutlich geringere Unsicherheitsfaktoren) erscheint dies auch nicht erforderlich.

2.1.4 Nominalwertprinzip (kein Inflationsausgleich)

Inflationsbedingte Erhöhungen der Einnahmen und Werbungskosten sind nicht zu berücksichtigen[15]. Es werden lediglich die Periodenergebnisse während der zu betrachtenden Totalperiode addiert. Damit sind Überschüsse in späteren Jahren ebensoviel wert wie Verluste in früheren Jahren. Diese Sichtweise beruht auf dem steuerrechtlich maßgebenden Nominalwertprinzip („€ gleich €")[16]. Es sind also nicht – wie in der Vergangenheit oft praktiziert – Mietsteigerungen von jährlich 2–3 % zu prognostizieren.

2.1.5 Vergangenheitsdurchschnitt

Soweit die Steuerpflichtigen für die Schätzung keine ausreichenden objektiven Umstände über eine bereits im Veranlagungszeitraum ersichtliche zukünftige Entwicklung der Mieteinnahmen und Werbungskosten vortragen (können), besteht die Möglichkeit vor, die zukünftig zu erwartenden Einnahmen und Werbungskosten anhand des Durchschnitts der in der Vergangenheit in einem bestimmten Zeitraum angefallenen Einnahmen und Werbungskosten zu schätzen. Für die Ermittlung dieses Vergangenheitsdurchschnitts sind regelmäßig die fünf letzten Veranlagungszeiträume heranzuziehen[17]. Die Prognoserechnung orientiert

---

11 FG München, Urteil vom 19.6.2007 – 6 K 2481/05, HaufeIndex 1805431.
12 **BMF**-Schreiben vom 8.10.2004, BStBl I 2004, S. 933, **RdNr. 34**.
13 Etwa *Stein*, Verluste, Rdn. 261–262.
14 **BMF**-Schreiben vom 8.10.2004, BStBl I 2004, S. 933, **RdNr. 36**.
15 BFH, Urteil vom 6.11.2001 – IX R 97/00, BStBl II 2002, S. 726.
16 BFH, Urteil vom 14.7.1988 – IV R 88/86, BFH/NV 1989, S. 771.
17 **BMF**-Schreiben vom 8.10.2004, BStBl I 2004, S. 933, **RdNr. 34**.

sich damit an den Einnahmen und Werbungskosten, die in den letzten fünf Jahren tatsächlich erzielt bzw. verausgabt wurden[18]. Diese Form der Hochrechnung ist hinsichtlich der Reparaturaufwendungen für den Steuerpflichtigen regelmäßig von Vorteil, hinsichtlich der Schuldzinsen indes von Nachteil[19].

2.1.6 Auswirkung ertragsverbessernder Maßnahmen

Fehlende Reaktionen auf bereits eingetretene hohe Vermietungsverluste und das unveränderte Beibehalten eines verlustbringenden Vermietungskonzepts sind ein gewichtiges Beweisanzeichen für eine fehlende Einkunftserzielungsabsicht. Dagegen kann das auf die Verbesserung der Ertragsverhältnisse abzielende Handeln des Steuerpflichtigen nach dem Erkennen der Verlustsituation ein auf die Einkunftserzielung gerichtetes Tätigwerden des Steuerpflichtigen dokumentieren[20].

Deshalb gestatten BFH und Verwaltung eine abweichende – für den Steuerpflichtigen deutlich günstigere – Prognoserechnung, wenn der Steuerpflichtige substantiiert darzulegen vermag, er habe auf die bisher aufgelaufenen Werbungskostenüberschüsse durch Änderung von Art und Weise der Vermietung reagiert[21] (so genannte ertragsverbessernde Maßnahmen). Für den Steuerpflichtigen ist es angezeigt, rechtzeitig Beweisvorsorge zu treffen und jenes Vorgehen zu dokumentieren, das eine Verbesserung der Ertragssituation herbeiführen sollte. Der Prognosezeitraum selbst verändert sich beim Vorliegen von so genannten ertragsverbessernden Maßnahmen jedoch nicht.

a) Beispiele für Maßnahmen[22]*:* Beispielsweise kann eine (Teil)Tilgung der Fremdfinanzierung zu einer nachhaltigen Ertragsverbesserung führen, etwa durch die anstehende Zuteilung eines Bausparvertrages oder gegebenenfalls Umstellung auf Tilgungsdarlehen. Eine Senkung der Finanzierungskosten kann auch unter Zuhilfenahme des Zwei-Konten-Modells erreicht werden. Zu denken ist auch an Maßnahmen zur Reduzierung von Sanierungsaufwand (etwa durch Verzicht auf Sonderausstattungen u.ä.).

b) Zeitpunkt der Maßnahme: Von Bedeutung ist auch der Zeitpunkt der Maßnahme(n). Bei der Vermietung von Ferienwohnungen sollte der Steuerpflichtige *meines Erachtens* spätestens nach Ablauf von fünf Jahren (zuzubilligende Anlaufphase) korrigierend eingreifen, um eine Rentabilität der Nutzung herzustellen[23].

---

18 Zur Kritik siehe *Wüllenkemper*, EFG 2010, S. 1045, 1046; *Stein*, Verluste, Rdn. 266, Kritik 4.

19 *Stein*, Verluste, Rdn. 267.

20 Vgl. etwa: FG Düsseldorf, Beschluss vom 14.12.2007 – 3 V 2275/07 A (F), HaufeIndex 1971501.

21 **BMF**-Schreiben vom 8.10.2004, BStBl I 2004, S. 933, **RdNr. 34**.

22 Weitere Beispiele etwa bei *Stein*, Verluste, Rdn. 272 f.

23 **Vgl. aber** Niedersächsisches FG, Urteil vom 26.4.2001 – 14 K 498/97, EFG 2001, S. 1037 (nachgehend: *BFH, Urteil vom 14.12.2004 – IX R 70/02, BFH/NV 2005, S. 1040*): zehn Jahre.

Wer erst später reagiert, kann damit keine „Aufbesserung" seiner Totalüberschussprognose erwirken.

c) Prognosefolgerungen: Kann der Steuerpflichtige die Ergreifung von derlei Maßnahmen erfolgreich nachweisen, sind bei der Prognoserechnung der Durchschnitt der Einnahmen und Ausgaben der zukünftigen (fünf) Veranlagungszeiträume zu Grunde zu legen, in denen sich die neuen Maßnahmen erstmals ausgewirkt haben. Die sich so ergebenden Einnahmen und Ausgaben sind dann auf den Rest des Prognosezeitraums hochzurechnen.

2.1.7 Überschuss nach einkommensteuerrechtlichen Vorschriften

Bei der Ermittlung des Totalüberschusses ist von den Ergebnissen auszugehen, die sich nach den einkommensteuerrechtlichen Vorschriften voraussichtlich ergeben werden[24]. Damit ist auch klargestellt, dass zur Begründung einer Einkunftserzielungsabsicht weder das Streben nach einem finanz- bzw. betriebswirtschaftlichen Überschuss noch das Streben nach Kostendeckung ausreicht[25]. Vielmehr ist allein das Streben nach positiven steuerlichen Einkünften erforderlich[26].

2.1.8 Geringfügiger Überschuss

Nach neuerer Rechtsprechung kommt es nicht (mehr) auf den Umfang des Erfolges an. Bereits das Streben nach einem „bescheidenen Überschuss" reicht als Indiz für eine Einkunftserzielungsabsicht aus[27]. Wer indes nur seine Selbstkosten decken will, handelt ohne Einkunftserzielungsabsicht[28].

2.1.9 Zukünftige Faktoren und bereits abgelaufene Zeiträume

Zukünftig eintretende Faktoren[29] sind in die Beurteilung nur einzubeziehen, wenn sie bei objektiver Betrachtung vorhersehbar waren[30]. Die Verhältnisse eines bereits abgelaufenen Zeitraums können wichtige Anhaltspunkte liefern[31]; dies gilt umso mehr, wenn die zukünftige Bemessung eines Faktors unsicher ist[32].

---

24 **BMF**-Schreiben vom 8.10.2004, BStBl I 2004, S. 933, **RdNr. 34**.
25 Vgl. zuletzt: BFH, Beschluss vom 24.9.2008 – X B 86/07, BFH/NV 2009, S. 18; ausführlich: *Credo*, Einkünfteerzielungsabsicht, S. 122 ff.
26 Ausführlich: *Credo*, Einkünfteerzielungsabsicht, S. 115 ff.
27 BFH, Urteil vom 6.11.2001 – IX R 97/00, BStBl II 2002, S. 726; **a. A.:** *Wüllenkemper*, EFG 2010, S. 1045.
28 BFH, Urteil vom 16.12.1998 – I R 36/98, BStBl II 1999, S. 366.
29 *Negativ* z. B.: Konkurs der Vermietungsgesellschaft (Niedersächsisches FG, Urteil vom 10.6.1986 – V 467/83, EFG 1986, S. 559); *Positiv* z. B.: Entschuldung wegen Erbschaft.
30 BFH, Beschluss vom 16.9.2002 – IX B 70/02, BFH/NV 2003, S. 40.
31 BFH, Urteil vom 6.11.2001 – IX R 97/00, BStBl II 2002, S. 726.
32 **BMF**-Schreiben vom 8.10.2004, BStBl I 2004, S. 933, **RdNr. 33**.

2.2 Berechnungsgrundlagen der Prognose

2.2.1 Die Prognosebestandteile im Überblick

Folgende Berechnungsgrundlagen für die Überschussprognose sind – aus rechtlicher Sicht – inzwischen unstreitig: (1.) Summe der Vermietungsverluste aus früheren Veranlagungszeiträumen (bestandskräftig veranlagt), (2.) die künftig erzielbaren Mieten (Nominalwertprinzip) zu erwartende Finanzierungskosten, (3.) zu erwartende Instandhaltungskosten, (4.) zu erwartende Schönheitsreparaturen, (5.) die zu erwartenden individuellen (nicht umlagefähigen) Betriebs- und Verwaltungskosten, (6.) Mietausfallrisiko, (7.) die Summe der AfA-Beträge der Immobilie, (8.) die Summe der AfA-Beträge der gegebenenfalls vermieteten Außenanlagen, (9.) die Summe der AfA-Beträge der gegebenenfalls vermieteten Einrichtung, (10.) sonstige steuerlich relevante Ausgaben (z. B. Steuerberater). Strittig sind folgende Positionen: (1.) Wertsteigerungen in der Vermögenssubstanz und (2.) gewährte Investitionszulagen. Die einzelnen Prognosebestandteile werden im Folgenden erläutert.

2.2.2 Bestandskräftig veranlagte Verluste

Wenn geprüft werden soll, ob innerhalb der Totalperiode ein Überschuss der Einnahmen über die Werbungskosten entsteht, müssen bei der Prognose alle Einnahmen und Ausgaben berücksichtigt werden, die sich steuerlich auswirken. In die (Gesamt-)Prognose sind deshalb die – bestandskräftig veranlagten – Vermietungsverluste aus früheren Veranlagungszeiträumen einzubeziehen[33]. Hingegen bleiben Vermietungsverluste, die sich steuerlich nicht ausgewirkt haben – etwa weil das Finanzamt sie bestandskräftig nicht berücksichtigt hat – auch bei der Prognoserechnung außen vor[34].

2.2.3 Verzicht auf Abzug von Werbungskosten

Im Rahmen der Prognoserechnung sind – wie bereits erwähnt – alle tatsächlich entstandenen Werbungskosten zu berücksichtigen. Der Verzicht des Steuerpflichtigen auf die Geltendmachung von Werbungskosten ist dabei unerheblich, denn die angefallenen Werbungskosten sind unabhängig vom Abzugswillen des Steuerpflichtigen in der tatsächlich entstandenen Höhe zu berücksichtigen[35].

---

33 Z. B.: FG Münster, Urteil vom 21.2.2001 – 10 K 5625/99 F, EFG 2002, S. 460.
34 FG Berlin, Urteil vom 17.12.1997 – II 173/94, EFG 1998, S. 1131; **vgl. aber**: BFH, Urteil vom 30.8.2007 – IV R 12/05, HFR 2008, S. 545.
35 FG München, Urteil vom 1.10.2003 – 1 K 5185/01, HaufeIndex 1111574.

2.2.4 Finanzierungskosten

Die Finanzierungskosten stellen unter Umständen den größten Posten in der Prognose dar. Die Höhe des Zinsaufwands bestimmt sich weitgehend danach, in welchen Raten der Steuerpflichtige den Kredit tilgen will (Darlehensbedingungen bei Vertragsschluss). Die Finanzierungskosten sind daher ausgehend von den abgeschlossenen Verträgen zu schätzen[36].

a) Keine bindende Tilgungsvereinbarung: Sind mit der Bank keine bindenden Vereinbarungen getroffen worden, muss im Einzelnen geprüft werden, ob die Angaben des Steuerpflichtigen über künftige Tilgungsleistungen realistisch erscheinen[37]. Eine unrealistisch hohe Tilgung kann der Prognose nicht zu Grunde gelegt werden. Nach der Zinsbindungsphase können nur dann zinsgünstigere Kreditkonditionen angenommen (prognostiziert) werden, wenn dafür Indizien bestehen[38].

b) Tilgung vor Ablauf der Zinsbindungsfrist: Trägt der Steuerpflichtige vor, dass Darlehen vor Ablauf der Zinsbindungsfrist abgelöst werden sollen, muss er durch entsprechende Bankguthaben oder entsprechende Verträge/Vereinbarungen (z. B. für die Tilgung zweckgebunden abgeschlossener Lebensversicherungen oder Bausparverträge) nachweisen, dass – entgegen der üblichen Bedingungen – ausnahmsweise vor Ablauf der Zinsbindungsfrist Sondertilgungen[39] und vorzeitige Kündigungen erfolgen werden[40].

2.2.5 Instandhaltungskosten

Die zu erwartenden Aufwendungen für Instandhaltung, die erfahrungsgemäß mit dem Alter der Immobilie zunehmen, sind in die Prognose mit realistischen Ansätzen einzubeziehen. Hierfür können die Wertansätze (Höchstbeträge) aus § 28 der II. Berechnungsverordnung – in der bei Abschluss des Mietvertrages geltenden Fassung – heran gezogen werden können, weil diese Ansätze auf Erfahrungssätzen beruhen[41]. Nach der derzeit geltenden Fassung des § 28 der II. Berechnungsverordnung[42] sind höchstens 7,10 € je m² Wohnfläche bis 11,50 € je m² Wohnfläche

---

36 BFH, Beschluss vom 28.7.2008 – IX B 33/08, BFH/NV 2008, S. 1841; FG Düsseldorf, Urteil vom 25.11.2008 – 17 K 846/06 F, juris (nachgehend: *BFH, Urteil vom 11.5.2010 – IX R 28/09, juris*).

37 Vgl. etwa: FG Düsseldorf, Beschluss vom 9.1.2008 – 3 V 3187/07 A (F), EFG 2008, S. 609; FG Düsseldorf, Urteil vom 25.11.2008 – 17 K 846/06 F, juris.

38 BFH, Beschluss vom 2.7.2008 – IX B 46/08, BStBl II 2008, S. 815.

39 Vgl. auch FG Hamburg, Urteil vom 27.6.2006 – 7 K 110/04, HaufeIndex 1575883 (nachgehend *bestätigt durch BFH, Urteil vom 20.1.2009 – IX R 49/07, BFH/NV 2009, S. 757*); FG München, Urteil vom 22.4.2009 – 9 K 162/07, juris; FG München, Urteil vom 3.4.2009 – 7 K 726/08, juris.

40 **SenFin** Berlin, Erlass vom 12.1.2005 — III A 2 – S 2253 – 1/93, DStR 2005, S. 785, Tz. I.2.d); **OFD** Hannover, Vfg. vom 19.11.2002 — S 2254 – 52 – StO 222, FR 2003, S. 50, Tz. 2.d).

41 **BMF**-Schreiben vom 8.10.2004, BStBl I 2004, S. 933, **RdNr. 34**.

42 § 28 der II. Berechnungsverordnung in der Fassung des Gesetzes zur Reform des Wohnungsbaurechts vom 13.9.2001, BGBl I 2001, S. 2376, 2397.

und Jahr anzusetzen. Der Ansatz der vorgenannten Höchstbeträge erscheint indes nicht gerechtfertigt, wenn der Steuerpflichtige beabsichtigt und in der Lage ist, die Arbeiten selbst auszuführen (Ansatz der geschätzten Materialkosten).

2.2.6 Schönheitsreparaturen

Die für Schönheitsreparaturen erforderlichen Aufwendungen können eine beträchtliche Höhe erreichen. Für die voraussichtlichen Aufwendungen für Schönheitsreparaturen können ebenfalls die Wertansätze aus § 28 der II. Berechnungsverordnung herangezogen werden. Danach sind höchstens 8,50 € je m² für Schönheitsreparaturen Wohnfläche und Jahr anzusetzen (§ 28 Abs. 4 II. BVO). Die Schönheitsreparaturen sind jedoch nur dann in eine Prognose einzurechnen, wenn der Vermieter – entsprechend der gesetzlichen Regelung nach den §§ 536, 548 BGB – diese Kosten zu tragen hat. Üblicherweise belässt es der Vermieter jedoch nicht bei der gesetzlichen Regelung sondern überträgt diese Reparaturkosten auf den Mieter

2.2.7 Verwaltungskosten

Ist mit Verwaltungskosten zu rechnen, müssen sich auch diese mit einem angemessenen Betrag in der Prognose niederschlagen[43]. Jedenfalls bei Objekten, die sich in größerer Entfernung vom Wohnort des Steuerpflichtigen befinden, sind Verwaltungskosten (mithin auch Fahrtkosten) einzubeziehen. Bei Ferienwohnungen dürfte hierfür ein Betrag von 5 % der Jahresrohmiete angemessen sein[44].

2.2.8 Mietausfallrisiko

Das ebenfalls in der II. Berechnungsverordnung verankerte Mietausfallrisiko (Mietausfallwagnis) ist auch im Rahmen der Prognose als Ausgabeposten zu berücksichtigen; das Mietausfallwagnis darf höchstens mit 2 % der Jahresmiete angesetzt werden[45].

2.2.9 AfA auf Einrichtungsgegenstände

Die AfA-Beträge auf gegebenenfalls vermietete Einrichtungsgegenstände sind nach den gängigen AfA-Tabellen zu prognostizieren[46]. Daher wird die Nutzungsdauer – wie bei Hotels und Gaststätten – regelmäßig mit zehn Jahren anzusetzen sein (siehe amtliche AfA-Tabelle Gastgewerbe). Eine kürzere Nutzungsdauer ist aber nicht ausgeschlossen[47]. Wird eine Eigentumswohnung/Ferienwohnung möbliert

---

43 FG Berlin, Urteil vom 15.4.1997 – VII 47/95, EFG 1998, S. 307.
44 FG Berlin, Urteil vom 27.1.1997 – 8097/96, EFG 1997, S. 665.
45 FG Berlin, Urteil vom 15.4.1997 – VII 47/95, EFG 1998, S. 307.
46 BFH, Urteil vom 6.11.2001 – IX R 97/00, BStBl II 2002, S. 726.
47 Niedersächsisches FG, Urteil vom 4.5.1966 – IV 13/66, HaufeIndex 856875: fünf Jahre.

vermietet, ist davon auszugehen, dass sich dies über die gesamte Nutzungsdauer so fortsetzten wird. Bei einem Prognosezeitraum vom 30 Jahren ist deshalb ein mehrfacher Vollverschleiß der Einrichtung in die Prognose einzurechnen[48].

2.2.10 Künftige Einnahmen bei verbilligter Vermietung

a) Verbilligte Vermietung auf Dauer: Erfolgt die Vermietung (voraussichtlich) dauerhaft erheblich verbilligt, stellt sich die Frage, über welchen Zeitraum die verbilligte Miete anzusetzen ist und ab welchem Zeitpunkt gegebenenfalls eine (höhere) ortsübliche Miete als Einnahme in die Prognose einfließen soll[49]. Wird verbilligt vermietet, handelt es sich regelmäßig um Angehörigenverträge. Es wird also regelmäßig darum gehen, wann mit einer Vermietung an fremde Dritte zu einer ortsüblichen Miete zu rechnen ist. Wurde ein Angehörigenvertrag auf unbestimmte Zeit geschlossen, ist auf die mittlere Lebenserwartung des Mieters abzustellen[50]. Bei einer gemeinsamen Vermietung einer Wohnung an mehrere Angehörige (Eltern) kommt es auf die durchschnittliche Lebenserwartung des jüngeren Mieters (Elternteils) an[51]. Für die restliche Zeit bis zum Ende des höchstens 30-jährigen Prognosezeitraumes muss die Vermietung zu einer marktüblichen Miete eingerechnet werden.

b) Verbilligte Vermietung auf absehbare Zeit wegen nachfolgend beabsichtigter Fremdvermietung: Fraglich kann auch sein, in welcher Höhe Mieteinnahmen zu erfassen sind, wenn der Steuerpflichtige erklärt, die verbilligte Vermietung werde nur noch für kurze Zeit fortgeführt; anschließend werde an fremde Dritte vermietet und deshalb fortan eine (höhere) ortsübliche Miete erzielt[52]. Da folglich keine Erhöhung im Rahmen des bestehenden Mietverhältnisses vorgesehen ist, sondern der bisherige Mieter voraussichtlich in absehbarer Zeit aus der Wohnung ausziehen wird und der Vermieter diese dann zur üblichen Marktmiete an Fremde vermieten will, ist hier eine getrennte Prognoserechnung nur für den Zeitraum der verbilligten Vermietung vorzunehmen, bei der Überschüsse aus der Zeit der Fremdvermietung unberücksichtigt bleiben[53].

c) Verbilligte Vermietung auf absehbare Zeit wegen nachfolgend beabsichtigter Mieterhöhung: Anders liegt die Sache, wenn weiterhin an den Angehörigen vermietet werden soll und die Vereinbarung einer späteren Mieterhöhung allein aus steuerlichen Gründen vorgenommen wird. In diesem Fall ist die verbilligte

---

48 FG München, Urteil vom 21.5.2010 – 8 K 680/08, juris; FG Berlin, Urteil vom 27.1.1997 – 8097/96, EFG 1997, S. 665.

49 FG München, Urteil vom 22.4.2009 – 9 K 162/07, juris.

50 FG München, Urteil vom 21.5.2010 – 8 K 680/08, juris.

51 FG Düsseldorf, Beschluss vom 29.11.2001 – 11 K 9268/98 E, HaufeIndex 682298.

52 FG München, Urteil vom 22.4.2009 – 9 K 162/07, juris.

53 **BMF**-Schreiben vom 8.10.2004, BStBl I 2004, S. 933, **RdNr. 34**, 3. Tiret.

Miete hochzurechnen. Steuerliche Gründe sind jedenfalls zu bejahen, wenn der Vermieter in den ersten Jahren einen Verlust ausweist, der erst in späteren Jahren durch die höhere Miete kompensiert wird, um einen Totalüberschuss ausweisen zu können. Werden für eine später beabsichtigte Mieterhöhung indes nachvollziehbare (außersteuerliche) Gründe vorgebracht, kann auch eine geplante Mieterhöhung zu berücksichtigen sein. Nach Auffassung des BFH ist die Mieterhöhung im Rahmen einer Prognoserechnung zu berücksichtigen, wenn sie mit hinreichender Sicherheit zu erwarten ist[54].

2.2.11 Kürzung der Werbungskosten bei verbilligter Vermietung

Wird in Folge einer erheblich verbilligten Vermietung eine Prognoserechnung erforderlich, sind die Werbungskosten nur in der Höhe des entgeltlichen Teiles der Nutzungsüberlassung in die Prognose einzubeziehen, der dem Verhältnis der vereinbarten zur marktüblichen Miete entspricht[55]. Für Prognosezwecke soll mithin eine anteilige Kürzung der Werbungskosten vorgenommen werden[56].

2.2.12 Gebäudeabschreibungen

a) Normal-AfA: Die Gebäudeabnutzung in der Prognose ist mit den gemäß § 7 Abs. 4 EStG in Betracht kommenden „Normal-AfA" zu berücksichtigen[57].

b) Sonderabschreibungen: Sonderabschreibungen (z. B. seinerzeit nach dem FördG) bleiben im Rahmen einer Langzeitprognose (30-Jahres-Prognose) außer Ansatz[58]. Wird wegen einer (vermutlich) befristeten Vermietung eine Kurzzeitprognose erforderlich, fließen die Sonderabschreibungen als Werbungskosten in die Prognose jedoch mit ein[59]. Eine Ausnahme gilt nur für die Fälle des § 4 Abs. 3 FördG[60].

Im Rahmen der Aufstellung einer Totalüberschussprognose wird über die „Qualität" von Sanierungs- und Modernisierungsaufwendungen an Gebäuden (Erhaltungsaufwendungen, nachträgliche Herstellungskosten, Anschaffungskosten) selbständig entschieden, d. h. es bestehet insoweit keine Bindungswirkung an steuerliche Behandlung der Vorjahre und es kann es gegebenenfalls zu einer neuen Einschätzung/Beurteilung mit entsprechender Prognosewirkung kommen. Haben die Aufwendungen z. B. tatsächlich nicht zu einer Hebung des Wohnstandards

---

54   BFH, Urteil vom 5.11.2002 – IX R 48/01, BStBl II 2003, S. 646.
55   BFH, Urteil vom 14.12.2004 – IX R 1/04, BStBl II 2005, S. 211.
56   Zur Kritik siehe *Stein*, Verluste, Rdn. 780 ff.
57   **BMF**-Schreiben vom 8.10.2004, BStBl I 2004, S. 933, **RdNr. 34**.
58   BFH, Urteil vom 30.9.1997 – IX R 80/94, BStBl II 1998, S. 771; zur Kritik siehe *Stein*, Verluste, Rdn. 346–370.
59   BFH, Urteil vom 11.5.2010 – IX R 28/09, juris.
60   BFH, Urteil vom 25.6.2009 – IX R 24/07, BFH/NV 2009, S. 1882.

geführt, so sind sie, unabhängig von deren ursprünglichen Beantragung und Gewährung als FördG-Sonderabschreibungen, im Rahmen einer Prognoserechnung in voller Höhe als Erhaltungsaufwendungen (= Werbungskosten) zu berücksichtigen[61].

c) Degressive AfA: Für die degressiven AfA nach § 7 Abs. 5 EStG[62] gelten die gleichen Grundsätze wie bei den Sonderabschreibungen, d. h. im Rahmen einer Langzeitprognose bleiben die degressiven AfA außer Ansatz[63] und bei einer Kurzzeitprognose hingegen sind die degressiven AfA als Werbungskosten abzuziehen[64].

d) Erhöhte Absetzungen: Erhöhte Absetzungen nach den §§ 7h, 7i EStG bleiben bei einer Langzeitprognose unberücksichtigt[65]. Ein Teil der Literatur geht davon aus, dass der BFH auch die erhöhten Absetzungen nach den §§ 7h, 7i EStG ebenfalls nicht in die Werbungskosten einer Kurzzeitprognose einbeziehen will[66]. Die Finanzverwaltung bezieht die tatsächlich in Anspruch genommenen erhöhten Absetzungen jedoch in eine Kurzzeitprognose mit ein[67].

2.2.13 Wertsteigerungen

Nach Auffassung der Finanzverwaltung ist der bei § 23 Abs. 1 EStG erfasste Gewinn aus der Veräußerung des Grundstückes (privater Veräußerungsgewinn) nicht in die Beurteilung der Absicht zur Erzielung positiver Einkünfte im Sinne des § 21 EStG einzubeziehen[68]. Zur Begründung wird darauf verwiesen, dass Wertsteigerungen der Immobilie nicht vom Tatbestand des § 21 EStG erfasst werden[69]. Ein Teil der jüngeren Rechtsprechung bestätigt dies[70], während Teile der Literatur[71] sich für eine Zusammenfassung der Ergebnisse beider Einkunftsarten (§§ 21, 23 EStG) für Prognosezwecke aussprechen[72].

---

61 FG Hamburg, Urteil vom 6.5.2003 – II 368/01, HaufeIndex 969302.
62 Die degressive-AfA ist auf Grund Gesetzesänderung weggefallen für neue Wohngebäude, die nach dem 31.12.2005 angeschafft oder hergestellt wurden.
63 BFH, Urteil vom 30.9.1997 – IX R 80/94, BStBl II 1998, S. 771.
64 **BMF**-Schreiben vom 8.10.2004, BStBl I 2004, S. 933, **RdNr. 36**.
65 BFH, Urteil vom 6.11.2001 – IX R 97/00, BStBl II 2002, S. 726.
66 Etwa: *Heuermann*, DStZ 2004, S. 9, 13; *Heuermann*, DB 2002, S. 2011 [2014, 2015].
67 **BMF**-Schreiben vom 8.10.2004, BStBl I 2004, S. 933, **RdNr. 36**; dazu **kritisch**: *Habl*, Einkünfteerzielungsabsicht, S. 259 f.
68 **BMF**-Schreiben vom 8.10.2004, BStBl I 2004, S. 933, **RdNr. 34**.
69 Etwa **OFD** Hannover, Vfg. vom 19.11.2002 — S 2254 – 52 – StO 222, FR 2003, S. 50, Tz. 2d).
70 Vgl. etwa: Nieders. FG, Urteil vom 28.3.2007 – 3 K 11074/04, EFG 2007, S. 1951 (nachgehend BFH, Urteil vom 25.6.2009 – IX R 24/07, BFH/NV 2009, S. 1882) unter 3.c)bb); s. a. FG Hamburg, Urteil vom 1.12.1999 – V 102/96, EFG 2000, S. 1076 (nachgehend: *BFH, Urteil vom 6.11.2001 – IX R 27/00, HaufeIndex 1133309*).
71 Statt vieler: *Habl*, Einkünfteerzielungsabsicht, S. 245 ff.
72 Zum Streitstand umfassend: *Stein*, Verluste, Rdn. 371–422 (Stellungnahme: Rdn. 402–422).

2.2.14 Investitionszulagen

Nach Auffassung der Finanzverwaltung sind Investitionszulagen (etwa jene, die gemäß §§ 3, 3a Investitionszulagengesetz 1999 gewährt wurden) in die Prüfung der Überschusserzielungsabsicht auf der Einnahmeseite einzubeziehen[73]. Diese Auffassung begegnet erheblichen Bedenken, weil eine Besteuerung der Investitionszulage nicht stattfindet: Nicht steuerbare Vermögenszuflüsse wie die Investitionszulage müssen auch bei einer Totalüberschussprognose außen vor bleiben[74].

2.3 Zeitraum der Prognose

2.3.1 Prognosedauer

Der Prognosezeitraum ist – sofern nicht von einer zeitlich befristeten Vermietung auszugehen ist – typisierend mit 30 Jahren zu Grunde zu legen[75], gilt auch bei der Vermietung/Verpachtung unbebauter Grundstücke[76]. Hinsichtlich des ursprünglich von der Verwaltung vertretenen 100-Jahres-Zeitraumes kommt Vertrauensschutz im Sinne des § 176 Abs. 2 AO nicht in Betracht[77]. Der 30-Jahres-Zeitraum kommt nur im Rahmen der Einkünfte aus Vermietung und Verpachtung zur Anwendung; deshalb kann etwa bei einer gewerblichen Ferienhausvermietung nicht von einer typisierenden Totalperiode von generell 30 Jahren ausgegangen werden[78].

Der 30-Jahres-Zeitraum beginnt regelmäßig mit dem Erwerb oder der Herstellung des Vermietungsobjektes[79]. Dies gilt nicht uneingeschränkt, denn die Absicht zur Einkunftserzielung kann auch erst später – als z. B. der Erwerb – einsetzen oder wieder wegfallen. Liegt ein solcher Fall vor, beginnt der Prognosezeitraum mit dem Zeitpunkt, in dem wegen Veränderung der Verhältnisse der nachträgliche Wegfall oder die nachträgliche Begründung der Einkunftserzielungsabsicht zu prüfen ist[80]. So beginnt der Prognosezeitraum etwa dann in einem späteren Veranlagungszeitraum, wenn der Steuerpflichtige die Absicht, die Wohnung für eigene Wohnzwecke oder durch unentgeltliche Überlassung zu nutzen oder sie kurzfristig zu veräußern, endgültig aufgibt.

---

73 **BMF**-Schreiben vom 8.10.2004, BStBl I 2004, S. 933, **RdNr. 35**.
74 Zum Streitstand umfassend: *Stein*, Verluste, Rdn. 423–442 (Stellungnahme: Rdn. 434–442)..
75 BFH, Urteil vom 6.11.2001 – IX R 97/00, BStBl II 2002, S. 726; **BMF**-Schr. vom 8.10.2004, BStBl I 2004, S. 933, **RdNr. 34**.
76 BFH, Urteil vom 28.11.2007 – IX R 9/06, BFH/NV 2008, S. 641.
77 Niedersächsisches FG, Urteil vom 25.2.2010 – 11 K 100/08, EFG 2010, S. 1038.; FG Hamburg, Urteil vom 9.7.2007 – 2 K 310/04, HaufeIndex 1799397.
78 **OFD** Koblenz, Vfg. vom 5.12.2004 — S 2240 A, DStR 2005, S. 379; **a. A.**: FG München, Urteil vom 19.6.2007 – 6 K 2481/05, juris.
79 BFH, Urteil vom 28.10.2009 – IX R 30/08, BFH/NV 2010, S. 850.
80 **BMF**-Schreiben vom 8.10.2004, BStBl I 2004, S. 933, **RdNr. 34**.

Hat der Steuerpflichtige ein Grundstück erworben, das er erst einige Jahre später tatsächlich vermietet, ist zur Feststellung der Einkunftserzielungsabsicht die Zeit ab Vermietungsbeginn zu berücksichtigen. Dies ist etwa der Fall, wenn die Immobilie zunächst – z. B. einige Jahre – der Selbstnutzung zu eigenen Wohnzwecken gedient hat. Der Prognosezeitraum beginnt hier i. d. R. (bereits) mit Beendigung der Selbstnutzung[81].

Liegen Anhaltspunkte für eine Befristung der Vermietungstätigkeit vor, ist der Prognose der kürzere Zeitraum der tatsächlichen Vermögensnutzung zu Grunde zu legen[82]. Die Annahme eines kürzeren Zeitraums kann durch objektive (äußerliche) Umstände wie etwa eine nur noch geringe Restnutzungsdauer des Gebäudes begründet sein[83]. Ebenso können die Absichten des Steuerpflichtigen eine verkürzte Prognoserechnung erforderlich werden lassen. Dies kann etwa der Fall sein, wenn der Steuerpflichtige bereits beim Erwerb einer Immobilie (1.) deren späteren Verkauf ernsthaft in Betracht gezogen hat[84] oder (2.) bereits beim Erwerb bzw. Herstellung einer Immobilie deren spätere Selbstnutzung ernsthaft in Betracht gezogen hat[85] bzw. (3.) ein bestehendes Mietverhältnis kündigt, in das der Steuerpflichtige mit der Anschaffung des Objekts eingetreten ist[86]. Hat der Steuerpflichtige die Vermietung hingegen mit Einkunftserzielungsabsicht begonnen und sich erst später unter dem Eindruck der zwischenzeitlich erkannten Unwirtschaftlichkeit der Vermietungstätigkeit um den Verkauf bemüht, lässt dies nach Ansicht des BFH den Prognosezeitraum von 30 Jahren unberührt[87].

2.3.2 Subjektbezogene Betrachtung

Bei der Beurteilung, ob der Steuerpflichtige die Absicht hat, einen Totalüberschuss zu erzielen, ist nicht auf die Dauer der theoretischen Nutzungsmöglichkeit – mithin der Zeitraum bis zum technischen oder wirtschaftlichem Verschleiß – der Immobilie abzustellen. Es kommt vielmehr auf die voraussichtliche Dauer der – konkreten – Nutzung durch den Nutzenden (jeweiliger Steuerpflichtiger) an[88]. Der Grundsatz der Anknüpfung an die individuelle Einkunftserzielung durch den Steuerpflichtigen kommt in allen Fällen der Vermietung und Verpachtung zur

---

81 **BMF**-Schreiben vom 8.10.2004, BStBl I 2004, S. 933, **RdNr. 34**.
82 Vgl. etwa: BFH, Urteil vom 25.6.2009 – IX R 24/07, BFH/NV 2009, S. 1882.
83 Vgl. etwa FG Hamburg, Urteil vom 6.5.2003 – II 368/01, HaufeIndex 969302; Thüringer FG, Urteil vom 28.1.1998 – I 86/97, HaufeIndex 1285368.
84 BFH, Urteil vom 14.1.2003 – IX R 74/00, BFH/NV 2003, S. 752; FG Düsseldorf, Beschluss vom 12.12.2007 – 3 V 2319/07 A (F), juris; Hessisches FG, Urteil vom 14.8.2009 – 4 K 2892/08, juris.
85 BFH, Urteil vom 29.3.2007 – IX R 7/06, BFH/NV 2007, S. 1847.
86 **BMF**-Schreiben vom 8.10.2004, BStBl I 2004, S. 933, **RdNr. 6**.
87 BFH, Urteil vom 14.1.2003 – IX R 74/00, BFH/NV 2003, S. 752.
88 **BMF**-Schreiben vom 8.10.2004, BStBl I 2004, S. 933, **RdNr. 34**.

Geltung[89]. Ergibt sich demnach aus objektiven Umständen eine Befristung der Nutzung – z. B. wegen eines beabsichtigten späteren Verkaufs oder einer später geplanten Selbstnutzung – verkürzt sich der 30-Jahres-Prognose-Zeitraum entsprechend[90]. Es ist bei der Frage nach der Einkunftserzielungsabsicht also allein auf das Ergebnis der Vermietungsphase des Nutzenden abzustellen (subjektbezogene Betrachtung). Demzufolge ist auch bei der Prüfung der Einkunftserzielungsabsicht eines Nießbrauchers nur auf die voraussichtliche Dauer des Nießbrauchrechts abzustellen, da dieses als eigenständige Einkunftsquelle in Erscheinung tritt, die mit dem Tod des Nießbrauchers erlischt und keiner Rechtsnachfolge zugänglich ist[91].

2.3.3 Einbeziehung des Rechtsnachfolgers

Im Kontext mit den Problemen zur Totalperiode steht auch die Frage, ob ein Überschuss bzw. ein voraussichtlicher Überschuss eines Rechtsnachfolgers – unentgeltliche Einzel- oder Gesamtrechtsnachfolge – zu berücksichtigen ist[92]. Herrschende Meinung und Finanzverwaltung[93] stellen bei der Prüfung der Einkunftserzielungsabsicht auf das Ergebnis der voraussichtlichen Vermögensnutzung durch den Steuerpflichtigen und seinen Gesamtrechtsnachfolger oder seinen voll unentgeltlichen Einzelrechtsnachfolger ab[94]. Die Vertreter der Mindermeinung sind der Ansicht, die Totalperiode sei streng subjektbezogen zu sehen und schließe daher die Berücksichtigung einer unentgeltlichen Einzel- oder Gesamtrechtsnachfolge aus[95]. Die herrschende Meinung kann mit Blick auf die personenbezogene Besteuerung (§ 1 EStG) nur schwer überzeugen[96].

2.4 Prognose bei befristeter Vermietung

Bei zeitlich befristeter Vermietung sind nur die während des befristeten Vermietungszeitraums zufließenden Einnahmen und abfließenden Werbungskosten gegenüber zu stellen. Ebenfalls anders als bei auf Dauer angelegter Vermietung sind nicht die in fiktiver Anwendung des § 7 Abs. 4 EStG zu ermittelnden linearen Absetzungen anzusetzen, sondern die jeweils tatsächlich in Anspruch ge-

---

89 BFH, Urteil vom 6.11.2001 – IX R 97/00, BStBl II 2002, S. 726.
90 BFH, Urteil vom 25.6.2009 – IX R 24/07, BFH/NV 2009, S. 1882.
91 FG Münster, Urteil vom 6.6.1997 – 4 K 516/97 E, EFG 1997, S. 1232.
92 Hierzu umfassend: *Escher*, Einkünfteerzielungsabsicht, S. 138–204.
93 **BMF**-Schreiben vom 8.10.2004, BStBl I 2004, S. 933, **RdNr. 34**.
94 Etwa BFH, Urteil vom 28.8.2008 – VI R 50/06, BStBl II 2009, S. 243; *Habl*, Einkünfteerzielungsabsicht, S. 76 ff; weitere Nachweise bei: *Stein*, Verluste, Rdn. 477–479.
95 *Escher*, Einkünfteerzielungsabsicht, S. 137 ff. [191]; weitere Nachweise bei *Stein*, Verluste, Rdn. 480.
96 *Stein*, Verluste, Rdn. 481–490.

nommenen Absetzungen, also auch Sonderabschreibungen, degressive AfA nach § 7 Abs. 5 EStG und erhöhte Absetzungen[97].

2.5 Prognose bei zeitweise vermieteter und zeitweise selbstgenutzter Ferienwohnung

In die Prognose bei teils vermieteter und teils selbst genutzter Ferienwohnung sind als Werbungskosten nur jene Aufwendungen einzubeziehen, die (ausschließlich oder anteilig) auf Zeiträume entfallen, in denen die Ferienwohnung an Feriengäste tatsächlich vermietet oder zur Vermietung angeboten und bereitgehalten worden ist (der Vermietung zuzurechnende Leerstandszeiten); dagegen nicht die auf die Zeit der nicht steuerbaren Selbstnutzung entfallenden Aufwendungen[98]. Aufwendungen, die sowohl durch die Selbstnutzung als auch durch die Vermietung veranlasst sind (z. B. Schuldzinsen, Grundbesitzabgaben, Erhaltungsaufwendungen, Gebäudeabschreibungen oder Versicherungsbeiträge), sind im Verhältnis der Zeiträume der jeweiligen Nutzung zueinander aufzuteilen[99].

---

97 **BMF**-Schreiben vom 8.10.2004, BStBl I 2004, S. 933, **RdNr. 36**.
98 **BMF**-Schreiben vom 8.10.2004, BStBl I 2004, S. 933, **RdNr. 39**; instruktiv: Niedersächsisches FG, Urteil vom 25.2.2010 – 11 K 100/08, EFG 2010, S. 1038.
99 **BMF**-Schreiben vom 8.10.2004, BStBl I 2004, S. 933, **RdNr. 40**.

IV. Vermietung auf Dauer

1. Die Fiktion – keine Liebhaberei bei Dauervermietung

In einer Grundsatzentscheidung vom 30.9.1997 – IX R 80/94[1] hat der BFH „festgelegt", bei einer auf Dauer angelegten Vermietungstätigkeit sei grundsätzlich anzunehmen, der Steuerpflichtige beabsichtige, letztlich einen Einnahmeüberschuss zu erwirtschaften. Etwas anderes gelte nur, wenn ausnahmsweise besondere Umstände gegen das Vorliegen der Einkunftserzielungsabsicht sprechen. Die Finanzverwaltung folgt dem BFH: Bei einer auf Dauer angelegten Vermietungstätigkeit ist grundsätzlich ohne weitere Prüfung vom Vorliegen der Einkunftserzielungsabsicht auszugehen[2].

Der BFH hält es damit nicht (mehr) für erforderlich, nachzurechnen, ob die Vermietung tatsächlich langfristig zu einem Totalüberschuss führt[3]. Die Einkunftserzielungsabsicht wird für den Regelfall unwiderleglich unterstellt[4]. Für die Finanzämter (und ggf. die Finanzgerichte) bedeutet dies quasi ein Liebhabereiüberprüfungsverbot. Ob dieses Verbot aber gerechtfertigt und ob der BFH berechtigt ist, eine solche Fiktion in die Welt zu setzen, erscheint fragwürdig[5].

Eine so genannte auf Dauer angelegte Vermietung ist damit Voraussetzung um eine Einkunftserzielungsabsicht ungeprüft zu unterstellen[6]. Diese Rechtsfolge tritt indes nur dann ein, wenn der Steuerpflichtige den Entschluss, auf Dauer zu vermieten, endgültig gefasst hat (hatte)[7]. An einem endgültig gefassten Entschluss zur Dauervermietung fehlt es etwa, wenn sich der Steuerpflichtige noch nicht entschieden hat, ob er das Grundstück langfristig vermieten oder kurzfristig verkaufen will[8].

a) Vermietung „auf Dauer": Eine Vermietungstätigkeit ist „auf Dauer angelegt", wenn sie nach den bei Beginn der Vermietung ersichtlichen Umständen keiner Befristung unterliegt[9]. Der BFH[10] wollte mit dieser Definition klarstellen, dass

---

1 BFH, Urteil vom 30.9.1997 – IX R 80/94, BStBl II 1998, S. 771.
2 **BMF-Schreiben vom 8.10.2004, BStBl I 2004, S. 933, RdNr. 1.**
3 BFH, Urteil vom 19.4.2005 – IX R 10/04, BStBl II 2005, S. 692.
4 BFH, Urteil vom 24.8.2006 – IX R 15/06, BStBl II 2007, S. 256; *Stein*, Verluste, Rdn. 540–542.
5 Zur Kritik siehe etwa *Stein*, Verluste, Rdn. 544–600 und Rdn. 1104–1121.
6 BFH, Beschluss vom 2.7.2008 – IX B 46/08, BStBl II 2008, S. 815.
7 Z. B.: BFH, Urteil vom 18.1.2006 – IX R 18/04, BFH/NV 2006, S. 1078.
8 BFH, Urteil vom 8.3.2006 – IX R 19/04, BFH/NV 2006, S. 1637; BFH, Urteil vom 18.1.2006 – IX R 18/04, BFH/NV 2006, S. 1078.
9 **BMF-Schreiben vom 8.10.2004, BStBl I 2004, S. 933, RdNr. 4;** BFH, Urteil vom 20.1.2009 – IX R 49/07, BFH/NV 2009, S. 757; hierzu **kritisch:** *Stein*, Verluste, Rdn. 524, Kritik 7–9.
10 Vgl. BFH, Urteil vom 12.7.2006 – IX R 47/05, BFH/NV 2007, S. 658; BFH, Urteil vom 18.1.2006 – IX R 18/04, BFH/NV 2006, S. 1078; BFH, Beschluss vom 31.10.2003 – IX B 97/03, BFH/NV 2004, S. 196; **BMF-Schreiben vom 8.10.2004, BStBl I 2004, S. 933, RdNr. 4.**

es nach seinen Vorstellungen grundsätzlich nicht zu einer Aberkennung der Einkunftserzielungsabsicht kommen soll, wenn der Steuerpflichtige den Entschluss, auf Dauer zu vermieten, endgültig gefasst hat/hatte und das Grundstück – auf Grund eines neu gefassten Entschlusses – tatsächlich gar nicht dauerhaft vermietet, sondern es wieder verkauft.

Ob ein (tatsächlich erfolgter) Verkauf auf einem neu gefassten Entschluss beruht, ist stets Tatfrage. Ein solch neu gefasster Entschluss dürfte zu verneinen sein, wenn die Veräußerung des Vermietungsobjekts mit der Fälligkeit einer Lebensversicherung und der damit verbundenen Kredittilgung zusammenfällt[11]. In derartigen Fällen (kein neu gefasster Entschluss) ist die Einkunftserzielungsabsicht für den tatsächlichen Vermietungszeitraum (rückwirkend) zu überprüfen.

Die Gründe für einen tatsächlich erst später ins Auge gefassten Verkauf können im Übrigen vielschichtig sein: So mag der Steuerpflichtige erkennen, dass sich seine Vermietungstätigkeit wirtschaftlich nicht lohnt, weil sie entgegen seinen wirtschaftlichen Kalkulationen nur zu negativen Ergebnissen führt, wie etwa bei nachweislich ungünstiger Entwicklung der Rahmenbedingungen, wie zu hohe Belastung durch Veränderung des Zinsniveaus, Mietausfälle und außergewöhnlich hohe Reparaturen[12]. Auch dann, wenn der Steuerpflichtige eine günstige Marktlage ausnutzt, sein Grundstück mit Gewinn zu verkaufen, steht dies nicht in Widerspruch zu seiner auf Dauer angelegten Vermietungstätigkeit[13].

Auf Dauer angelegt ist eine Vermietungstätigkeit auch dann, wenn der Vermieter in Anschluss an die (aus welchen Gründen auch immer) erfolgte Auflösung eines unbefristet eingegangenen Mietverhältnisses ein neues unbefristetes Mietverhältnis eingeht[14] oder wenn er (auf unbestimmte Zeit) beabsichtigt, nacheinander zeitlich befristete Mietverträge abzuschließen[15]. Eine auf Dauer angelegte Vermietung kann auch dann vorliegen, wenn der ursprüngliche (Zeitmiet-)Vertrag verlängert werden soll[16]. Es müssen aber stets Umstände hinzutreten, die zusammen mit dem Abschluss des Vertrages auf eine bestimmte Zeit den Schluss rechtfertigen, der Vermieter habe seine Tätigkeit auf Dauer ausgerichtet[17].

Der Steuerpflichtige trägt die Feststellungslast, dass eine auf Dauer angelegte Vermietungstätigkeit gegeben ist. Für eine solche spricht freilich, wenn sich der

---

11 Vgl. etwa ***Horlemann***, DStZ 1993, S. 38, 41.
12 FG Berlin, Beschluss vom 13.10.1993 – IX 327/93 (n. v.).
13 Hessisches FG, Urteil vom 10.9.2003 – 2 K 3585/98, HaufeIndex 1053250.
14 ***Thürmer***, DStZ 2002, S. 855, 856.
15 BFH, Urteil vom 10.5.2006 – IX R 35/05, BFH/NV 2006, S. 1648; BFH, Urteil vom 14.12.2004 – IX R 1/04, BStBl II 2005, S. 211.
16 BFH, Urteil vom 14.12.2004 – IX R 1/04, BStBl II 2005, S. 211; FG Düsseldorf, Urteil vom 17.12.2008 – 1 K 4861/07 E, EFG 2010, S. 151.
17 BFH, Urteil vom 29.3.2007 – IX R 7/06, BFH/NV 2007, S. 1847, unter II.2.a.

Steuerpflichtige tatsächlich so verhält und den befristeten Vertrag verlängert[18]. Diese (Hilfs-)Tatsache wirkt sozusagen erhellend auf den Beginn der Vermietungstätigkeit zurück.

b) Keine Vermietung „auf Dauer": Stets schädlich (weil befristete Vermietung) ist dagegen eine im befristeten Mietvertrag zusätzlich dokumentierte Verkaufs- oder Selbstnutzungsabsicht[19]. Dies gilt auch dann, wenn der Steuerpflichtige sich nach Ablauf der Mietzeit anders entscheidet und weiter (oder wieder) (gegebenenfalls unbefristet) vermietet[20].

2. Die Ausnahmen von der Fiktion

In der Praxis entsteht immer wieder Streit darüber, in welchen Fällen, das Liebhabereiüberprüfungsverbot des BFH nicht zur Anwendung kommen darf[21]. Die Folgerechtsprechung zum BFH-Grundsatzurteil vom 30.9.1997[22] hat eine ganze Reihe von Ausnahmefällen herausgearbeitet.

2.1 Reichweite der Fiktion – Beschränkung auf die Einkunftsart Vermietung und Verpachtung

Bei der höchstrichterlich geschaffenen Fiktion handelt es sich um eine Spezialität allein für die Einkünfte aus Vermietung und Verpachtung[23]. Andere Einkunftsarten – insbesondere die Einkünfte gemäß §§ 13, 15 EStG – sind von der Typisierung in Form eines Überprüfungsverbotes nicht betroffen[24]; d. h. bei einer gewerblichen Ferienhausvermietung das BMF-Schreiben vom 8.10.2004[25] nicht analog anzuwenden[26].

2.2 Die Ausnahmen

Die Fiktion des BFH wird durch zahlreiche Ausnahmefälle durchbrochen. In folgenden Fällen kommt die Dauervermietungsfiktion (= Liebhabereiüberprüfungsverbot nicht zur Anwendung:

---

18 Vgl. zur Berücksichtigung späterer Umstände BFH, Urteil vom 28.6.2002 – IX R 68/99, BStBl II 2002, S. 699.
19 BFH, Urteil vom 4.12.2001 – IX R 70/98, BFH/NV 2002, S. 635; BFH, Urteil vom 9.7.2002 – IX R 57/00, BStBl II 2003, S. 695.
20 *BT*, DStR 2005, S. 238.
21 Vgl. etwa BFH, Urteil vom 28.10.2008 – IX R 51/07, BFH/NV 2009, S. 157.
22 BFH, Urteil vom 30.9.1997 – IX R 80/94, BStBl II 1998, S. 771.
23 BFH, Urteil vom 29.3.2007 – IV R 6/05, BFH/NV 2007, S. 1492.
24 BFH, Beschluss vom 5.3.2007 – X B 146/05, BFH/NV 2007, S. 1125; BFH, Beschluss vom 13.6.2005 – VIII B 67, 68/04, BFH/NV 2005, S. 2181.
25 **BMF**-Schreiben vom 8.10.2004, BStBl I 2004, S. 933.
26 Hessisches FG, Urteil vom 19.1.2009 – 2 K 141/08, juris.

a) Einkünfte aus anderer Einkunftsart: Wie erwähnt, kommt das grundsätzliche Liebhabereiüberprüfungsverbot des BFH nicht zur Anwendung, wenn der Steuerpflichtige – bei Verneinung einer Liebhaberei – mit seiner Vermietungstätigkeit keine Einkünfte aus Vermietung und Verpachtung, sondern Einkünfte aus einer anderen Einkunftsart – etwa gewerbliche Einkünfte oder solche aus Land- und Forstwirtschaft – erzielen würde[27].

b) Zinsaufblähung bei geplantem Rechtsträgerwechsel: Eine Überprüfung der Einkunftserzielungsabsicht[28] wird erforderlich, wenn Darlehen erst durch den Einsatz einer parallel laufenden Lebensversicherung getilgt werden (so genanntes Zinsaufblähungsmodell) und nach dem Finanzierungskonzept mit einer Ablösung der Darlehen ein Rechtsträgerwechsel (Eigentümerwechsel) verbunden ist[29].

c) Zinsaufblähung bei fehlendem Finanzierungskonzept: Eine Liebhabereiprüfung wird ebenfalls fällig, wenn der Steuerpflichtige ohne konkretes Finanzierungskonzept neben der (Voll-)Finanzierung der Anschaffungs- oder Herstellungskosten auch die anfallenden Schuldzinsen finanziert, d. h. sie einfach auflaufen lässt[30].

d) Objektiv unmöglicher Totalüberschuss: Einen weiteren Ausnahmefall sehen Finanzgerichte, wenn die Werbungskosten in einem so krassen Missverhältnis zu den Mieteinnahmen stehen, dass ein Totalüberschuss ausgeschlossen ist[31]. Denn eine Vermietung ist nur dann – zumindest theoretisch – objektiv geeignet, einen Totalüberschuss zu erzielen, wenn die (voraussichtlichen) Mieteinnahmen höher sind als die (voraussichtlichen) Werbungskosten mit Ausnahme der AfA und der Aufwendungen für die Fremdfinanzierung[32]. Ob der BFH diese Auffassung mitträgt ist indes nicht gesichert, denn er hat eine solche Ausnahme so noch nicht

---

27 Niedersächsisches FG, Urteil vom 2.12.2003 – 8 K 10406/01, EFG 2004, S. 1665; Thüringer FG, Urteil vom 19.2.2003 – III 459/00, HaufeIndex 1232559; BFH, Beschluss vom 27.4.2000 – VIII B 97/99, HaufeIndex 426261.

28 Näheres zum Einfluss von Art und Umfang der Finanzierung etwa bei *Stein*, Verluste, Rdn. 642–663, mit zahlreichen weiteren Nachweisen.

29 BFH, Urteil vom 19.4.2005 – IX R 10/04, BStBl II 2005, S. 692; BFH, Urteil vom 19.4.2005 – IX R 15/04, BFH/NV 2005, S. 1915.

30 BFH, Urteil vom 10.5.2007 – IX R 7/07, BStBl II 2007, S. 873; FG Düsseldorf, Urteil vom 25.11.2008 – 17 K 846/06 F, juris (nachgehend: *BFH, Urteil vom 11.5.2010 – IX R 28/09, juris*).

31 Z. B.: FG Düsseldorf, Urteil vom 30.11.2006, EFG 2007, S. 515 (nachgehend bestätigt: *BFH, Urteil vom 10.5.2007 – IX R 7/07, BStBl II 2007, S. 873*); FG Düsseldorf, Urteil vom 21.10.2004 – 11 K 2425/02 E, EFG 2005, S. 114; Schleswig-Holsteinisches FG, Urteil vom 27.10.2004 – 3 K 20157/01, EFG 2005, S. 1049; FG Düsseldorf, Urteil vom 14.11.2002 – 14 K 2707/01 F, HaufeIndex 946034; FG Münster, Urteil vom 20.11.1998 – 11 K 1226/97 E, EFG 1999, S. 702; Niedersächsisches FG, Urteil vom 18.9.2001 – 1 K 390-392/99, EFG 2002, S. 463 (nachgehend: *BFH, Urteil vom 20.8.2002 – IX R 70/01, BFH/NV 2003, S. 453*); FG Sachsen-Anhalt, Urteil vom 26.4.2007 – 1 K 2337/04, EFG 2007, S. 1944 (nachgehend: *BFH, Urteil vom 2.4.2008 – IX R 63/07, juris*).

32 Z. B.: Schleswig-Holsteinisches FG, Urteil vom 27.10.2004 – 3 K 20157/01, EFG 2005, S. 1049.

formuliert[33] und schon in einigen Fällen der Ferienwohnungsvermietung[34] und ausgefallener Gebäude[35] ein deutliches Missverhältnis der Werbungskosten zu den Mieteinnahmen als unbeachtlich beurteilt und deshalb die Einkunftserzielungsabsicht unterstellt. Bei klageabweisender Entscheidung des Finanzgerichts sollten die Steuerpflichtigen daher die Revision zum BFH anstreben.

e) Luxusbauten: Bei der Vermietung besonders aufwändig gestalteter oder ausgestatteter Wohnungen die Einkunftserzielungsabsicht geprüft werden, wenn die Marktmiete keine angemessene Gegenleistung für den besonderen Gebrauchswert der Wohnung darstellt, was regelmäßig nur bei einer Wohnfläche von mehr als 250 Quadratmeter[36] nicht aber schon auf Grund der bloßen Denkmaleigenschaft[37] des vermieteten Gebäudes der Fall ist. Einige Finanzgerichte prüfen aber schon auf Liebhaberei, wenn die Vermieter aufwändig gestalteter oder ausgestatteter Wohnungen mit hohen Verlusten auffällig werden[38] (etwa wenn die erzielbare ortsübliche Miete ohne umlagefähige Nebenkosten den Wertverzehr nach § 7 Abs. 4 EStG unterschreitet[39]) oder sonstige Abweichungen vom Üblichen vorliegen[40]. Anders als der BFH verzichten einige Instanzgerichte vor der Erstellung bzw. Beurteilung einer Totalüberschussprognose auf eine vorherige Aufteilung der Nutzungsüberlassung in einen entgeltlichen und einen unentgeltlichen Teil und rechneten folglich die ungekürzten Werbungskosten in eine Prognose ein[41].

f) „Schrottimmobilien": Einen Ausnahmefall von der Dauervermietungsfiktion des BFH sehen Teile der Literatur auch dann, wenn wegen eines völlig überhöhten Kaufpreises bzw. Baumängeln oder der schlechten Vermietbarkeit offensichtlich ist, dass ein Totalüberschuss nicht erzielbar ist[42].

g) Bewegliches Betriebsvermögen: Die Typisierung gilt ebenso nicht für die Verpachtung beweglichen Betriebsvermögens[43].

---

33   Vgl. aber BFH, Urteil vom 10.5.2007 – IX R 7/07, BStBl II 2007, S. 873.
34   BFH, Urteil vom 24.8.2006 – IX R 15/06, BStBl II 2007, S. 256.
35   BFH, Urteil vom 19.4.2005 – IX R 10/04, BStBl II 2005, S. 692.
36   BFH, Urteil vom 6.10.2004 – IX R 30/03, BStBl II 2005, S. 386; zur Kritik siehe *Stein*, Verluste, Rdn. 838–845.
37   BFH, Urteil vom 27.10.2005 – IX R 3/05, BFH/NV 2006, S. 525.
38   FG Nürnberg, Urteil vom 13.6.2002 – VII 166/1999, HaufeIndex 905778.
39   Etwa FG Sachsen-Anhalt, Urteil vom 26.4.2007 – 1 K 2337/04, EFG 2007, S. 1944 (nachgehend: *BFH, Urteil vom 2.4.2008 – IX R 63/07, BFH/NV 2008, S. 1323*); siehe auch die Nachweise bei *Stein*, Verluste, Rdn. 631, 719 f, 831 und 1117, Hinweis 240.
40   Vgl. etwa FG Sachsen-Anhalt, Urteil vom 26.4.2007 – 1 K 2337/04, EFG 2007, S. 1944; FG Düsseldorf, Urteil vom 21.10.2004 – 11 K 2425/02 E, EFG 2005, S. 114.
41   Etwa FG Nürnberg, Urteil vom 13.6.2002 – VII 166/1999, HaufeIndex 905778; vgl. bereits: FG Berlin, Beschluss vom 10.7.1997 – 8196/97, HaufeIndex 1379497; FG Saarland, Urteil vom 14.6.1995 – 1 K 213/94, EFG 1995, S. 837.
42   Etwa *Beck*, ImmoStR 2/2004, S. 207, 224; *Stein*, Verluste, Rdn. 617.
43   BFH, Urteil vom 28.10.2008 – IX R 51/07, BFH/NV 2009, S. 157.

h) Vermietung an Angehörige bei hohen Anschaffungs-/Herstellungskosten:
Die verlustbringende Vermietung an Angehörige oder sonst nahestehende Personen gilt allgemein als prüfungsbedürftig, weil es fast immer familiäre (persönliche) Gründe sind, die den Steuerpflichtigen veranlassen, (auf Dauer) Werbungskostenüberschüsse hinzunehmen[44]. Einige Finanzgerichte sehen daher eine Ausnahme von der Dauervermietungsfiktion des BFH, wenn eine Vermietung an Angehörige oder sonst nahe stehende Personen erfolgt und die Anschaffungs- oder Herstellungskosten im Zeitpunkt der Anschaffung oder Herstellung den Ertragswert des Objektes übersteigen[45] oder das aufwändige an die Wohnbedürfnisse der „Mieter-Familie" angepasst worden ist[46].

i) Mischnutzung von Ferienwohnungen: Werden vermietete Ferienwohnungen/ Ferienhäuser auch selbst genutzt werden bzw. zur Selbstnutzung bereitgehalten (Mischnutzung), ist dies ausdrücklicher Prüfungstatbestand[47].

j) Nicht ausgelastete Ferienwohnungen: Bei einer ausschließlich an wechselnde Feriengäste vermieteten und in der übrigen Zeit hierfür bereitgehaltenen Ferienwohnung ist die Einkunftserzielungsabsicht des Steuerpflichtigen zu überprüfen, wenn das Vermieten die ortsübliche Vermietungszeit von Ferienwohnungen ohne das Vermietungshindernisse gegeben sind erheblich unterschreitet. Hiervon geht der BFH bei einem Unterschreiten von mindestens 25 % aus[48]. Schon die Nichtaufklärbarkeit der ortsüblichen Vermietungszeiten erfordert die Erstellung einer Totalüberschussprognose[49].

k) Nicht selbst genutzte Ferienwohnungen: Der BFH nimmt in den „Nicht-Selbstnutzungs-Fällen" nur dann eine Liebhabereiprüfung vor, wenn das Vermieten die ortsübliche Vermietungszeit von (Vergleichs-)Ferienwohnungen um mindestens 25 % unterschreitet oder die ortsüblichen Vermietungszeiten gar nicht erst ermittelt werden können (siehe oben). Zahlreiche ältere Entscheidungen der Finanzgerichte gehen hier weiter und prüfen auch in den „Nicht-Selbstnutzungs-Fällen" auf Liebhaberei, wenn eine auffällige Verlustsituation vorliegt[50]. In den Revisionsbefangenen Fällen hat der BFH die Entscheidung der Vorinstanz indes mit

---

44 *Pezzer*, DStR 1995, S. 1853, 1855; vgl. a. *Credo*, Einkünfteerzielungsabsicht, S. 250 ff.
45 Schleswig-Holsteinisches FG, Urteil vom 27.10.2004 – 3 K 20157/01, EFG 2005, S. 1049 — obiter dictum —; vgl. a. FG Sachsen-Anhalt, Urteil vom 26.4.2007 – 1 K 2337/04, EFG 2007, S. 1944 (nachgehend: *BFH, Urteil vom 2.4.2008 – IX R 63/07, BFH/NV 2008, S. 1323*): Vermietung eines aufwändig gestalteten Objektes an „befreundete" Angestellte (Sekretärin) des Klägers.
46 Vgl: FG Nürnberg, Urteil vom 13.6.2002 – VII 166/1999, HaufeIndex 905778.
47 BFH, Urteil vom 6.11.2001 – IX R 97/00, BStBl II 2002, S. 726.
48 BFH, Urteil vom 24.8.2006 – IX R 15/06, BStBl II 2007, S. 256.
49 BFH, Urteil vom 19.8.2008 – IX R 39/07, BStBl II 2009, S. 138.
50 Nachweise etwa bei *Stein*, Verluste, Rdn. 621, 1108 ff., insbesondere Rdn. 1115.

dem Hinweis aufgehoben bzw. zurückverweisen, der vom Finanzgericht festgestellte Sachverhalt sei nicht als Ausnahme vom Regelfall zu sehen[51].

l) Besondere Nutzung: Nach der Grundsatzentscheidung vom 30.9.1997 kann die „besondere Art der Nutzung" der Immobilie eine Liebhabereiprüfung erforderlich machen[52]. Dies ist etwa der Fall, wenn ein Einfamilienhaus an Angehörige vermietet wird und dieses nach ihrem Entscheidungsbild, ihrem Zuschnitt und ihrer Ausstattung auf die individuellen Wohnbedürfnisse der Mieter (Tochter und Familie) abgestimmt ist[53] oder etwa wenn die vermietende Grundstücksgemeinschaft sich lediglich die Möglichkeit schaffen wollte, das Wohnumfeld der Gemeinschafter und auch die für ihre Berufsausübung erforderlichen Räume selbstbestimmt, also unabhängig von einem Vermieter, zu gestalten[54]. Ob der BFH den Ausnahmecharakter des Einzelfalles auch so beurteilt, ist oft ungewiss: In mehreren Fällen hat der BFH die Entscheidung des Finanzgerichts mit dem Hinweis aufgehoben, der festgestellte Sachverhalt sei nicht als Ausnahme vom Regelfall zu sehen[55].

m) Unbebauter Grundbesitz: Die typisierende Annahme der unterstellten Einkunftserzielungsabsicht gilt nicht für die dauerhafte Vermietung und Verpachtung von unbebautem Grundbesitz[56], d. h. bei verlustträchtiger Vermietung wird stets eine Prognose erforderlich[57].

n) „Nicht-Wohnraum": Die Dauervermietung von „Nicht-Wohnraum" ist inzwischen kein Ausnahmefall mehr. Der BFH wendet seine Typisierung der unterstellten Einkunftserzielungsabsicht nämlich auch bei dauerhafter Vermietung von „Nicht-Wohnraum" an[58]. Diese Entscheidung des BFH im Jahre 2009 kam überraschend, denn zuvor hatten die Finanzgerichte auch die Vermietung von (Gebäude-)Nicht-Wohnraum unter Hinweis auf die Rechtsprechung des BFH als prüfungswürdigen Ausnahmesachverhalt beurteilt und etwa Liebhaberei angenommen bei

---

51 Etwa Hessisches FG, Urteil vom 18.9.2006 – 13 K 21/04, EFG 2007, S. 124 (nachgehend **a. A.**: *BFH, Urteil vom 29.8.2007 – IX R 48/06, BFH/NV 2008, S. 34*); FG Münster, Urteil vom 8.11.2005 – 6 K 6518/02 E, EFG 2006, S. 496 (nachgehend **a. A.**: *BFH, Urteil vom 24.8.2006 – IX R 15/06, BStBl II 2007, S. 256*).

52 BFH, Urteil vom 30.9.1997 – IX R 80/94, BStBl II 1998, S. 771.

53 Vgl: FG Nürnberg, Urteil vom 13.6.2002 – VII 166/1999, HaufeIndex 905778.

54 FG Berlin, Urteil vom 19.9.1995 – V 454/94, HaufeIndex 1379503.

55 Etwa FG Berlin, Urteil vom 21.7.2004 – 2 K 2324/01, HaufeIndex 1349589 (nachgehend **a. A.**: *BFH, Urteil vom 27.10.2005 – IX R 3/05, BFH/NV 2006, S. 525*); FG Köln, Urteil vom 31.1.2002 – 15 K 3072/99, HaufeIndex 727544 (nachgehend **a. A.**: *BFH, Urteil vom 17.9.2002 – IX R 11/02, BFH/NV 2003, S. 155*).

56 **BMF**-Schreiben vom 8.10.2004, BStBl I 2004, S. 933, **RdNr. 29.**

57 BFH, Urteil vom 28.11.2007 – IX R 9/06, BFH/NV 2008, S. 641; weitere Nachweise etwa bei *Stein*, Verluste, Rdn. 625.

58 BFH, Urteil vom 1.4.2009 – IX R 39/08, BStBl II 2009, S. 776.

der Vermietung einer Golfanlage, eines Reiterhofs oder landwirtschaftlicher Betriebsgrundlagen und nun auch PKW-Garagen[59].

o) Gewerbeimmobilien: Dagegen sieht der BFH die Vermietung von Gewerbeimmobilien als Ausnahmefall an, bei dem die typisierende Vermutung der Einkunftserzielungsabsicht bei Dauervermietung nicht gelten soll[60].

p) Verbilligte Vermietung: Die Einkunftserzielungsabsicht ist nach der Rechtsprechung des BFH zu prüfen, wenn der Mietzins weniger als 75 % der ortsüblichen Marktmiete beträgt[61]. Ein Teil der Werbungskosten wird indes auch bei fehlender Einkunftserzielungsabsicht immer anerkannt[62]. Einige Entscheidungen der Finanzgerichte sehen einen Liebhabereiprüfungsbedarf indes schon dann, wenn die Miete erheblich ermäßigt ist und die weiteren Umstände des Einzelfalles dies nahe legen[63], etwa wenn die Nettojahresmiete nicht einmal den Wertverzehr des Gebäudes abdeckt[64].

q) Vermietung mit Selbstnutzungsabsicht: Eine Prüfung der Einkunftserzielungsabsicht wird erforderlich, wenn Verluste erklärt werden und das Mietverhältnis wegen einer erkennbaren Selbstnutzungsabsicht von vornherein befristet ist[65].

r) Selbstnutzung binnen fünf Jahren: Ist ein Mietverhältnis unbefristet geschlossen worden und geht der Steuerpflichtige innerhalb von fünf Jahren zur Selbstnutzung über, muss der Steuerpflichtige zur Abwehr der Annahme von Liebhaberei nachweisen, dass während der Vermietungsphase ein positives Gesamtergebnis erreicht werden konnte[66]. Eine Ausnahme hiervon, d. h. keine rückbezogene Prognose, gilt, wenn der Steuerpflichtige den Entschluss zur Selbstnutzung erst nachträglich gefasst hatte[67].

s) Vermietung mit Verkaufsabsicht: Ist ein Mietverhältnis wegen einer erkennbaren Verkaufsabsicht von vornherein befristet, muss stets geprüft werden, ob während dieser Zeit ein positives Gesamtergebnis erreicht werden kann[68].

---

59 Erneut klageabweisend: FG Berlin-Brandenburg, Urteil vom 15.1.2010 – 9 K 7050/06 B, EFG 2010, S. 1128: PKW-Garagen; weitere Nachweise zur FG-Rechtsprechung etwa bei *Stein*, Verluste, Rdn. 626–628.
60 BFH, Urteil vom 20.7.2010 – IX R 49/09, juris.
61 BFH, Urteil vom 5.11.2002 – IX R 48/01, BStBl II 2003, S. 646.
62 Zur Kritik etwa *Stein*, Verluste, Rdn. 757 ff.
63 Nachweise etwa bei *Stein*, Verluste, Rdn. 717 ff, 851.
64 Nachweise etwa bei *Stein*, Verluste, Rdn. 631, 719 f.
65 BFH, Urteil vom 29.3.2007 – IX R 7/06, BFH/NV 2007, S. 1847.
66 BFH, Beschluss vom 31.10.2003 – IX B 97/03, BFH/NV 2004, S. 196.
67 BFH, Urteil vom 9.7.2002 – IX R 47/99, BStBl II 2003, S. 580.
68 BFH, Urteil vom 4.12.2001 – IX R 70/98, BFH/NV 2002, S. 635.

t) Rechtsträgerwechsel binnen fünf Jahren: Ist ein Mietverhältnis unbefristet geschlossen worden und veräußert der Steuerpflichtige das Grundstück innerhalb von fünf Jahren wieder, muss er zur Abwehr der Annahme von Liebhaberei nachweisen, dass während der Besitzzeit tatsächlich ein positives Gesamtergebnis (Totalüberschuss) erreicht werden konnte[69]. Dies gilt auch bei einer *unentgeltlichen* Übertragung (an Angehörige) binnen fünf Jahren[70]. Eine Ausnahme (das heißt keine rückbezogene Prognose) kommt indes dann in Betracht, wenn der Steuerpflichtige den Entschluss zur Veräußerung erst nachträglich gefasst hat[71].

u) Drohender Verkauf wegen wirtschaftlicher Zwänge: Ist absehbar, dass die wirtschaftlichen Verhältnisse des Steuerpflichtigen eine Vermietung auf Dauer nicht zulassen, mithin ein alsbaldiger Verkauf der Immobilie unausweichlich erscheint, ist eine nähere Überprüfung der Einkunftserzielungsabsicht gerechtfertigt[72].

v) Zeitliche Beschränkung der geplanten Vermietung: Die Einkunftserzielungsabsicht ist auch dann anhand einer Totalüberschussprognose zu überprüfen, wenn sich die Absicht des Steuerpflichtigen zur Vermietung – z. B. eines leer stehenden Objektes – nur auf einen begrenzten Zeitraum bezieht[73].

2.3 Sonderfall – Befristete Gesamthandsgemeinschaft

Die Frage nach der Reichweite der Fiktion des BFH berührt auch einen weiteren Problemkreis. Es geht hier unter anderem um die Frage, ob auf der Ebene vermögensverwaltender Personengesellschaften generell Einkunftserzielungsabsicht gegeben sein muss oder gegebenenfalls Ausnahmen zulässig sind. Diese Frage ist insbesondere für Gestaltungen interessant, bei denen das Eigentum an einem Vermietungsobjekt (Wohneinheit) von einer auf eine bestimmte Dauer angelegten Gesamthandsgemeinschaft (geschlossener Immobilienfonds) nach Realteilung derselben auf die bisherigen Gesellschafter jeweils zu Alleineigentum übergeht und während der Vermietung durch die Gesamthand nur Verluste erzielt werden[74] (so genanntes Hamburger Modell). Das Hamburger Modell[75] kam bereits in den siebziger Jahren zum Einsatz, scheiterte jedoch letztlich an den steuerlichen Rahmenbedingungen[76]. Anfang der neunziger Jahre erfolgte am Kapitalan-

---

69   BFH, Urteil vom 9.7.2002 – IX R 47/99, BStBl II 2003, S. 580.
70   FG Nürnberg, Urteil vom 29.11.2006 – III 98/2005, HaufeIndex 1796168.
71   BFH, Urteil vom 9.7.2002 – IX R 47/99, BStBl II 2003, S. 580.
72   FG Saarland, Urteil vom 5.12.2002 – 1 K 215/99, EFG 2003, S. 328; FG Saarland, Urteil vom 26.10.1990 – 1 K 197/89, EFG 1991, S. 125; FG Köln, Beschluss vom 10.4.1996 – 2 V 5073/95 (*n.v.*).
73   BFH, Urteil vom 4.11.2003 – IX R 55/02, BFH/NV 2004, S. 484.
74   Vgl. zuletzt: FG Hamburg, Urteil vom 27.6.2006 – 7 K 110/04, HaufeIndex 1575883 (nachgehend *bestätigt durch BFH, Urteil vom 20.1.2009 – IX R 49/07, BFH/NV 2009, S. 757*).
75   Vgl. dazu auch BFH, Beschluss vom 11.2.2002 – IX B 146/01, BFH/NV 2002, S. 796.
76   Im Einzelnen *Wagner*, HdB (2003), 0304, Rdnr. 143 ff.

lagemarkt die „Wiedergeburt" des Hamburger Modells als Wohnimmobilienfonds, diesmal in der Rechtsform eines GbR-Fonds[77].

Die Finanzverwaltung vertritt hinsichtlich der Einkunftserzielungsabsicht eine großzügige Ansicht, wenn der bisherige Gesellschafter die bei Kündigung oder Auflösung der Gesellschaft auf ihn übertragene Wohneinheit weitervermietet[78]. In diesem Fall könne weder bei der Personengesellschaft noch bei dem einzelnen Gesellschafter von fehlender Einkunftserzielungsabsicht ausgegangen werden. Bei dieser Gesellschaftsform sei insbesondere auf der Ebene der Gesellschafter die Einkunftserzielungsabsicht zu prüfen. Zur Begründung führt die Verwaltung an, im Hinblick auf die Einkunftserzielungsabsicht seien die Verhältnisse nach Auseinandersetzung der Personengesellschaft zu berücksichtigen[79].

3. Vermietung unter Marktniveau

Eine – wohnungswirtschaftlich unübliche – verbilligte Vermietung betrifft in erster Linie Angehörigenmietverhältnisse, denn fremde Dritte vermieten im Regelfall einander nicht billiger. Ausdrücklich gefördert wird diese Situation durch die Sonderregelung des § 21 Abs. 2 EStG. Nach dieser durch das Wohnungseigentumsförderungsgesetz vom 15.5.1986[80] eingefügten Norm sind die Werbungskosten anteilig zu kürzen, falls die Miete unter 56 % der ortsüblichen Miete liegt.

a) Allgemeine Grundsätze: Der BFH hat diese Grenze aber im Ergebnis auf 75 % angehoben[81] und sieht die Feststellungslast für das Vorliegen einer erheblich verbilligten Vermietung beim Finanzamt[82]. Die Ermittlung der ortsüblichen Miete bereitet in der Praxis regelmäßig Schwierigkeiten; die Werte der Parteien weichen oft voneinander ab[83]. Lässt sich die ortsübliche Miete nicht (z. B. bei so genannten Luxusbauten) oder nur unter unverhältnismäßig hohem Aufwand feststellen, ist als Vergleichsmaßstab die Kostenmiete heranzuziehen[84].

Mit seiner Leitentscheidung IX R 48/01[85] hat der BFH aus der gesetzlichen Zweiteilung des § 21 Abs. 2 EStG eine richterliche Dreiteilung gemacht:

---

77 Vgl. hierzu *Wagner*, HdB (2003), 0304, Rdnr. 145 und 147.
78 **OFD** Frankfurt, Vfg. vom 3.3.1999 — S 2253 A – 48 – St II 24, DStR 1999, S. 1442.
79 **A. A**: BFH, Urteil vom 20.1.2009 – IX R 49/07, BFH/NV 2009, S. 757: Es komme auf die Vermietung der GbR an; zur näheren Erörterung der Verwaltungsauffassung: *Stein*, Verluste, Rdn. 670–683.
80 BGBl I 1986, S. 730.
81 Grundlegend: BFH, Urteil vom 5.11.2002 – IX R 48/01, BStBl II 2003, S. 646.
82 BFH, Beschluss vom 22.7.2002 – IX B 139/01, BFH/NV 2003, S. 51; BFH, Urteil vom 17.12.2002 – IX R 18/00, BFH/NV 2003, S. 749; zur *Kritik* siehe *Stein*, Verluste, Rdn. 850, Kritik 12.
83 Hierzu ausführlich: *Stein*, Verluste, Rdn. 693.
84 Nachweise etwa bei *Stein*, Verluste, Rdn. 694 f.
85 Grundlegend: BFH, Urteil vom 5.11.2002 – IX R 48/01, BStBl II 2003, S. 646.

aa) Vermietung unter 56 % der Marktmiete: Beträgt der Mietzins weniger als 56 % der ortsüblichen Marktmiete, sind die mit der Vermietungstätigkeit zusammenhängenden Werbungskosten gemäß § 21 Abs. 2 EStG insoweit abziehbar, als sie anteilig auf den entgeltlichen Teil der Vermietung entfallen.

bb) Vermietung über 56 % aber unter 75 % der Marktmiete: Beträgt der Mietzins weniger als 75 % (aber mehr als 56 %) der ortsüblichen Marktmiete, ist die Einkunftserzielungsabsicht anhand einer Überschussprognose zu prüfen. Bei positiver Überschussprognose sind die mit der verbilligten Vermietung zusammenhängenden Werbungskosten in voller Höhe abziehbar. Ist die Überschussprognose negativ, ist die Vermietungstätigkeit in einen entgeltlichen und einen unentgeltlichen Teil aufzuteilen[86]. Die anteilig auf den entgeltlichen Teil entfallenden Werbungskosten sind abziehbar. Mit anderen Worten darf die Miete nur dann um bis zu 44 % ermäßigt werden, wenn eine Kontrollrechnung für 30 Jahre einen Totalüberschuss der Einnahmen über die Werbungskosten ausweist.

cc) Vermietung über 75 % der Marktmiete: Beträgt der Mietzins mindestens 75 % der ortsüblichen Marktmiete, ist grundsätzlich von dem Vorliegen einer Einkunftserzielungsabsicht auszugehen. Die 75 %-Grenze bezieht sich auf den Jahresdurchschnitt der vereinbarten Miete[87] (zu beachten vornehmlich bei Mietanpassungen).

Ergänzend zur Rechtsprechung des BFH geht die Verwaltung davon aus, dass eine Totalüberschussprognose auch dann erforderlich wird, wenn die Miethöhe nicht bereits anfänglich, sondern (erst) im Lauf eines Mietverhältnisses die ortsübliche Marktmiete um mehr als 25 % unterschreitet. In diese Prognose sind dann auch die in früheren Veranlagungszeiträumen durch Vermietung erzielten Entgelte einzubeziehen[88]. Denkbar ist der Fall, dass sich nach erfolgter Kürzung der Werbungskosten positive Einkünfte errechnen, obwohl die Totalüberschussprognose unter Ansatz der vollen Werbungskosten einen negativen Betrag ausweist. Die so errechneten positiven Einkünfte müssen versteuert werden[89]. Dies gilt auch dann, wenn die vom BFH geforderte Berechnung unter Kürzung der Werbungskosten nur in einzelnen Jahren positive Einkünfte und in anderen Jahren Verluste ausweist[90].

b) Luxusbauten: Nach der BFH-Folgeentscheidung vom 6.10.2004 – IX R 30/03[91] muss bei der Vermietung besonders aufwändig gestalteter oder ausgestatteter Wohnungen die Einkunftserzielungsabsicht geprüft werden, wenn die Marktmiete keine angemessene Gegenleistung für den besonderen Gebrauchswert der Woh-

---

86 Vgl. hierzu: FG München, Urteil vom 10.7.2007 – 6 K 3035/06, HaufeIndex 1805453.
87 **Stein**, Verluste, Rdn. 747, Hinweis 157.
88 **BMF**-Schreiben vom 8.10.2004, BStBl I 2004, S. 933, **RdNr. 38**.
89 **Stein**, Verluste, Rdn. 749.
90 Vgl. dazu FG Hamburg, Urteil vom 1.12.1999 – V 102/96, EFG 2000, S. 1076 (nachgehend: *BFH, Urteil vom 6.11.2001 – IX R 27/00, HaufeIndex 1133309*).
91 BFH, Urteil vom 6.10.2004 – IX R 30/03, BStBl II 2005, S. 386.

nung darstellt (was regelmäßig nur bei einer Wohnfläche von mehr als 250 m²
der Fall ist). Ob ein Gebäude besonders gestaltet ist, richtet sich nach den Krite-
rien, die seinerzeit für den Ansatz der Kostenmiete bei selbstgenutztem Wohnraum entwickelt worden sind[92]. In derartigen Fällen ist die Einkunftserzielungsabsicht in zwei Schritten zu prüfen[93]:

aa) Prüfung der verbilligten Überlassung und gegebenenfalls Anwendung des
§ 21 Abs. 2 EStG bzw. der 75 %-Grenze: Liegt die tatsächliche Warmmiete zwischen 56 und 75 % der Marktmiete ist die Einkunftserzielungsabsicht anhand einer Prognose unter Einbeziehung der tatsächlichen Miete und der tatsächlichen
Aufwendungen zu prüfen. Ist die Prognose negativ, ist eine Aufteilung in einen
entgeltlichen und einen unentgeltlichen Teil vorzunehmen (die Aufwendungen
sind nur hinsichtlich des entgeltlichen Teils als Werbungskosten anzusetzen). Ist
die Prognose positiv, erfolgt keine Aufteilung in einen entgeltlichen und einen
unentgeltlichen Teil und somit keine Werbungskostenkürzung.

bb) Prüfung der Einkunftserzielungsabsicht aufgrund der besonderen Gestaltung;
bei einer teilentgeltlichen Vermietung nur für den entgeltlichen Teil: Handelt es
sich um eine besonders aufwändig gestaltete oder ausgestattete Wohnung, ist in
einem zweiten Schritt die Einkunftserzielungsabsicht zu prüfen, ob die am Wohnungsmarkt erzielbare Miete den besonderen Wohnwert angemessen widerspie-
gelt. Wurde die Nutzungsüberlassung im ersten Prüfungsschritt bereits in einen
entgeltlichen und einen unentgeltlichen Teil aufgeteilt, so ist die Prüfung der
Einkunftserzielungsabsicht im zweiten Prüfungsschritt nur in Bezug auf den entgeltlichen Teil vorzunehmen. Ist die Überschussprognose positiv, ist von einer
Einkunftserzielungsabsicht auszugehen (die Verluste sind im Falle einer vorheri-
gen Aufteilung nur hinsichtlich des entgeltlichen Teils abzugsfähig). Ist die Überschussprognose hingegen negativ, sind die Verluste aus der Vermietung insgesamt
nicht abzugsfähig.

---

92 Siehe etwa bei *Stein*, Verluste, Rdn. 1169 f.
93 **OFD** Düsseldorf/**OFD** Münster, Vfg. vom 18.8.2005 — S 2253 – 64 – St 211 (K)/S 2253 A –
    St 214 (D)/S 2253 – 40 – St 22 – 31 (MS), FR 2005, S. 958; **OFD** München/**OFD** Nürnberg,
    Vfg. vom 11.7.2005 — S 2253 – 86 St 41/S 2253 – 461/St 32, DStR 2005, S. 1645.

V. Vermietung für kurze Zeit

1. Zu beurteilende Fallgestaltungen

Eine Ausnahme von der typisierenden Annahme (Fiktion), dass die langfristige Vermietung und Verpachtung i. d. R. letztlich zu positiven Einkünften führt, sieht der BFH ausweislich seiner Grundsatzentscheidung von 30.9.1997[1] nur dann, wenn auf Grund besonderer Umstände der Beweis des ersten Anscheins oder Beweisanzeichen (Indizien) gegen das Vorliegen einer Einkunftserzielungsabsicht sprechen.

Als Beispiele führt der BFH Fälle an, bei denen sich Steuerpflichtige nicht zu einer langfristigen Vermietung entschlossen haben oder bei denen besondere Arten der Nutzung der Immobilie ausnahmsweise schon für sich allein Beweisanzeichen für eine private, nicht mit der Erzielung von Einkünften zusammenhängende Veranlassung darstellen. Damit hatte der BFH die bis dahin von der höchstrichterlichen Rechtsprechung behandelten „Liebhabereifälle" zunächst einmal in zwei grundsätzliche Kategorien eingeteilt.

Die erste Kategorie lässt sich noch weiter konkretisieren: So hat der BFH bei Fällen nicht längerfristiger Vermietung in ständiger Rechtsprechung die Einkunftserzielungsabsicht verneint, wenn der Steuerpflichtige sich vertraglich bindet oder sich auch nur die Möglichkeit verschafft hat, das Grundstück innerhalb einer bestimmten Frist, in der er einen Gesamtüberschuss nicht erzielen kann, zu verkaufen oder wenn aus den Umständen im Einzelfall zu folgern ist, dass der Steuerpflichtige sich noch nicht endgültig entschieden hat, ob er sein Grundstück kurzfristig verkaufen oder langfristig vermieten will[2].

Es liegt auf der Hand, dass es viel schwieriger ist, allein aus den Umständen im Einzelfall objektive Rückschlüsse auf die subjektiven Vorstellungen des Steuerpflichtigen zu ziehen, als bei Vorliegen bestimmter vertraglicher Vereinbarungen, die eine Absicht zur Dauervermietung zweifelhaft erscheinen lassen[3]. Es geht in der Praxis also insbesondere um das Erkennen und Werten von Umständen, die eine fehlende Entschlossenheit des Steuerpflichtigen zur Dauervermietung dokumentieren könnten[4].

---

1   BFH, Urteil vom 30.9.1997 – IX R 80/94, BStBl II 1998, S. 771.
2   **BMF**-Schreiben vom 8.10.2004, BStBl I 2004, S. 933, **RdNr. 5.**
3   Vgl. etwa FG Düsseldorf, Beschluss vom 9.1.2008 – 3 V 3187/07 A (F), EFG 2008, S. 609 (nachgehend bestätigt: *BFH, Beschluss vom 2.7.2008 – IX B 46/08*, BStBl II 2008, S. 815); FG Düsseldorf, Urteil vom 25.11.2008 – 17 K 846/06 F, juris (nachgehend: *BFH, Urteil vom 11.5.2010 – IX R 28/09, juris*).
4   Umfassende Rechtsprechungsübersicht bei *Stein*, Verluste, Rdn. 957–984 (BFH) und 985–990 (Finanzgerichte).

2. Alsbaldiger Verkauf

Das Grundsatzurteil vom 30.9.1997[5] äußert sich nicht zu der Frage, wann bei einer baldigen Veräußerung eines Vermietungsobjektes die Frage zu prüfen ist, ob von Anfang an eine (bedingte) Veräußerungsabsicht vorlag und deshalb Liebhaberei anzunehmen ist. In der Praxis wurde daher oft darum gestritten, unter welchen Voraussetzungen von einer – grundsätzlich liebhabereiunschädlichen – Dauervermietungsabsicht ausgegangen werden kann.

a) Beweislastumkehr bei alsbaldiger Veräußerung oder Selbstnutzung: Mit den Urteilen vom 9.7.2002[6] hat der IX. BFH-Senat seine Rechtsprechung wie folgt fortgeführt[7]: Ein gegen die Einkunftserzielungsabsicht sprechendes Indiz liegt auch dann vor, wenn der Steuerpflichtige ein Grundstück innerhalb eines engen zeitlichen Zusammenhangs – von i. d. R. bis zu fünf Jahren – seit der Anschaffung oder Herstellung wieder veräußert und innerhalb dieser Zeit insgesamt nur einen Werbungskostenüberschuss erzielt. Je kürzer der Abstand zwischen der Anschaffung oder Errichtung des Objekts und der nachfolgenden Veräußerung ist, um so mehr spricht dies gegen eine auf Dauer angelegte Vermietungstätigkeit und für eine von Anfang an bestehende Veräußerungsabsicht. Der Steuerpflichtige kann das gegen die Einkunftserzielungsabsicht sprechende Beweisanzeichen jedoch erschüttern, indem er Umstände darlegt und nachweist, die dafür sprechen, dass er den Entschluss zur Veräußerung tatsächlich erst nachträglich gefasst hat. Die Finanzverwaltung hat diese Rechtsgrundsätze uneingeschränkt übernommen[8].

Der BFH hat insoweit eine Beweislastumkehr vorgenommen, indem er sich die aus der Rechtsprechung zum gewerblichen Grundstückshandel[9] stammende Vermutung der so genannten bedingten Veräußerungsabsicht für Zwecke der Prüfung der Einkunftserzielungsabsicht bei den Vermietungseinkünften ausborgt. Der BFH misst also der Veräußerung eines Grundstücks innerhalb von fünf Jahren nach der Anschaffung oder Herstellung indizielle Bedeutung für das Fehlen der Einkunftserzielungsabsicht bei, wenn in dieser Zeit nur Werbungskostenüberschüsse entstanden sind. Auf Grund dieser verschärften Beurteilungskriterien ist nahezu jeder alsbaldige Verkauf mit vorangehendem Vermietungsverlust liebhabereigefährdet. Dies gilt für alle Vermietungsobjekte, also auch für Ferienwohnungen und auch (Fonds-)Beteiligungen. Die Beweislastumkehr kommt nicht nur bei alsbaldiger Veräußerung zum Tragen, sondern auch dann, wenn der Steuerpflichtige das Grund-

---

5   BFH, Urteil vom 30.9.1997 – IX R 80/94, BStBl II 1998, S. 771.

6   BFH, Urteil vom 9.7.2002 – IX R 47/99, BStBl II 2003, S. 580; vom 9.7.2002 – IX R 99/00, BFH/NV 2002, S. 1563 und vom 9.7.2002 – IX R 33/01, BFH/NV 2002, S. 1565.

7   **Kritisch** zu dieser Rechtspr.: *Escher*, Einkünfteerzielungsabsicht, S. 126 f; *Anzinger*, Anscheinsbeweis, S. 355 (These 10).

8   **BMF**-Schreiben vom 8.10.2004, BStBl I 2004, S. 933, **RdNr. 7–9**.

9   Hierzu etwa *Stein*, Verluste, Rdn. 1057 ff..

stück binnen fünf Jahren selbst nutzt und innerhalb dieser Zeit insgesamt nur einen Werbungskostenüberschuss erzielt[10].

Eine Veräußerung des Objekts innerhalb der Frist von fünf Jahren (keine starre Grenze) beeinträchtigt die Einkunftserzielungsabsicht nur dann nicht, wenn sie auf einer veränderten Absicht – einem später neu gefassten Entschluss – beruht[11]. Das heißt zunächst, der Steuerpflichtige musste den Entschluss, auf Dauer zu vermieten, zu Beginn der Vermietung endgültig gefasst haben. Der Steuerpflichtige muss das ursprüngliche Bestehen der Einkunftserzielungsabsicht (nachhaltige Vermietungsabsicht) aber nachweisen, eine entsprechende Behauptung reicht nicht aus[12]. Unschädlich ist es jedoch, wenn der Steuerpflichtige sich die Veräußerung des erworbenen Grundstücks allgemein für den Fall vorbehält, dass die Änderung äußerer Umstände und Bedingungen ihn dazu zwingen[13] oder wenn (lediglich) ein Anteil einer Beteiligung an einer Personengesellschaft veräußert werden soll[14].

Die Frist von fünf Jahren ist nicht als starre Grenze zu sehen, so dass auch erst nach Ablauf von fünf Jahren veräußerte Immobilien in die Betrachtung einbezogen werden können, ggf. mit Folgerungen für die Indizwirkung[15]. Die Umstände, die für oder gegen eine von Anfang an bestehende Veräußerungsabsicht sprechen, sind stets gegeneinander abzuwägen (umfassende Tatsachen- und Beweiswürdigung). Je kürzer der Abstand zwischen der Anschaffung oder Errichtung des Objekts und der nachfolgenden Veräußerung oder Selbstnutzung ist, um so höher ist der Beweiswert des baldigen Verkaufs bzw. der baldigen Selbstnutzung[16]. Dass auch Verkäufe nach Ablauf von fünf Jahren dazu führen, den bisher ausgewiesenen Vermietungsverlusten die steuerliche Anerkennung zu versagen, wird zum einen bei kurzfristiger Überschreitung der Fünfjahresfrist infrage kommen und zum anderen dann, wenn weitere Hinweise für eine von Anfang an gegebene Verkaufsabsicht erkennbar werden.

Das Finanzamt kann Steuerbescheide bereits veranlagter Verlustjahre nach § 173 Abs. 1 Nr. 1 AO ändern[17], weil durch den Verkauf innerhalb von grundsätzlich fünf Jahren die entscheidungserhebliche Tatsache der bedingten Verkaufsabsicht nachträglich bekannt wird. Sind die ursprünglichen Bescheide indes auf Grund einer Außenprüfung ergangen, können sie nur geändert werden (erhöhte Bestandskraft), wenn eine Steuerhinterziehung oder eine leichtfertige Steuerverkürzung

---

10 BFH, Beschluss vom 31.10.2003 – IX B 97/03, BFH/NV 2004, S. 196, unter II.1.a).
11 BFH, Urteil vom 9.7.2002 – IX R 47/99, BStBl II 2003, S. 580.
12 BFH, Urteil vom 9.7.2002 – IX R 33/01, BFH/NV 2002, S. 1565 unter II.1.e).
13 BFH, Urteil vom 17.9.2002 – IX R 11/02, BFH/NV 2003, S. 155.
14 BFH, Urteil vom 30.6.1999 – IX R 68/96, BStBl II 1999, S. 718.
15 BFH, Beschluss vom 29.12.2006 – IX B 139/05, BFH/NV 2007, S. 1084, m.w.N.
16 **BMF**-Schreiben vom 8.10.2004, BStBl I 2004, S. 933, **RdNr. 7**.
17 **BMF**-Schreiben vom 8.10.2004, BStBl I 2004, S. 933, **RdNr. 10**.

bejaht werden könnte (§ 173 Abs. 2 AO)[18]. Ihre zeitliche Grenze findet die rückwirkende Korrektur nach § 173 Abs. 1 Nr. 1 AO zu Lasten des Steuerpflichtigen also regelmäßig erst, wenn für ein früheres Jahr Festsetzungsverjährung eingetreten ist. Die Änderung zu Lasten des Steuerpflichtigen darf freilich nur dann erfolgen, wenn dem Steuerpflichtigen der Gegenbeweis nicht gelingt.

Den Gegenbeweis wird der Steuerpflichtige nur dann erfolgreich führen können, wenn objektive Umstände dargetan und belegt werden, die den eingetretenen ‚Sinneswandel' – die Aufgabe der (zu Beginn der Vermietungsphase vorhandenen) Absicht zur dauerhaften Vermietung – nachträglich bewirkt haben. Es kann viele „gute Gründe" geben, wie etwa unvorhergesehene persönliche oder wirtschaftliche Entwicklungen, z. B.: persönliche Liquiditätsengpässe, erheblich gestiegene Immobilienpreise oder auch gegebenenfalls die Möglichkeit zum Erwerb eines alternativen Objekts, die der Steuerpflichtige als Rechtfertigung für den vorgeblich erst später gefassten Entschluss zum Verkauf vortragen könnte.

Trotz einer kurzfristigen Veräußerung sollen die Finanzämter nicht von einer fehlenden Einkunftserzielungsabsicht ausgehen, wenn der Steuerpflichtige „Umstände schlüssig darlegt und gegebenenfalls nachweist, die dafür sprechen, dass er den Entschluss zur Veräußerung oder zur Selbstnutzung erst nachträglich gefasst hat" [19]. Somit können die Steuerpflichtigen – anders als im Bereich des gewerblichen Grundstückshandels – als Beweisanzeichen für einen erst nachträglich gefassten Verkaufsentschluss z. B. überraschend eingetretene finanzielle Probleme, eine Scheidung / Trennung[20], eine Erkrankung, berufliche Veränderungen, eine schlechte Vermietbarkeit der Wohnung[21], eine negative Entwicklung der Vermietungssituation am Wohnungsmarkt[22], die überraschende Kündigung des Mieters[23] oder ein „günstiges Angebot", das Objekt zu einem „guten Preis" zu verkaufen[24] geltend machen[25]. Steuerpflichtige und Berater sollten rechtzeitig Beweisvorsorge treffen und Anhaltspunkte dokumentieren, die gegen eine von Beginn an bestehende Veräußerungsabsicht sprechen.

---

18   Vgl. auch FG München, Urteil vom 9.11.2005 – 1 K 2004/03, HaufeIndex 1475827: Änderung nach § 173 Abs. 1 Satz 1 Nr. 1 AO nicht möglich.

19   **BMF**-Schreiben vom 8.10.2004, BStBl I 2004, S. 933, **RdNr. 9**.

20   BFH, Urteil vom 17.12.2002 – IX R 18/00, BFH/NV 2003, S. 749; FG München, Urteil vom 12.12.2000 – 13 K 5156/97, juris.

21   Thüringer FG, Urteil vom 24.6.2009 – 4 K 200/08 *(n. v.)*.

22   FG Köln, Urteil vom 10.3.2004 – 11 K 4063/03, EFG 2004, S. 1049.

23   FG Köln, Urteil vom 13.10.2004 – 14 K 2088/00, HaufeIndex 1408821 (nachgehend: *BFH, Urteil vom 22.11.2006 – X R 15/05, BStBl I 2007, S. 390*).

24   Hessisches FG, Urteil vom 10.9.2003 – 2 K 3585/98, HaufeIndex 1053250; FG Berlin, Beschluss vom 13.10.1993 – IX 327/93 *(n. v.)*.

25   *Habl*, Einkünfteerzielungsabsicht, S. 219 f..

Gelingt es dem Steuerpflichtigen schließlich mittels (positiver) Beweisführung die schädliche Vermutung der anfänglichen Verkaufsabsicht zu erschüttern[26], ist bei der Beurteilung, ob der Steuerpflichtige mit Einkunftserzielungsabsicht gehandelt hat, von einer – liebhabereiunschädlichen – „auf Dauer angelegten Vermietungstätigkeit" auszugehen. Es gelten dann die Grundsätze des BFH-Urteils vom 30.9.1997[27].

b) Liebhaberei bei Hinweisen auf alsbaldigen Verkauf: Sind jedoch bereits im zeitlichen Zusammenhang mit dem Erwerb eines Vermietungsobjekts (Objekt) objektive Umstände ersichtlich, die darauf schließen lassen, dass das Objekt in bälde wieder veräußert werden soll, und steht zudem fest, dass bis zu diesem Zeitpunkt ein Gesamtüberschuss nicht erzielt werden kann, ist eine Vermietung nicht mit Einkunftserzielungsabsicht erfolgt[28]. In einem solchen Fall müssen zur Annahme von Liebhaberei keine Gründe die im Bereich der privaten Lebensführung liegen hinzutreten[29]. Ob im Einzelfall Indizien gegen eine auf Dauer angelegte Vermietungstätigkeit sprechen, ist stets eine Frage der Tatsachenfeststellung und Beweiswürdigung. Alle feststehenden Indizien sind in eine Gesamtwürdigung einzubeziehen.

c) Beispiele für ein kurzfristiges Engagement: Die Abgrenzung, ob eine Vermietung als unschädliche Dauervermietung oder als schädliches kurzfristiges Engagement zu qualifizieren ist, bereitet in der Praxis immer wieder Probleme. Um eine unschädliche Dauervermietung annehmen zu können, muss der Steuerpflichtige den endgültigen Entschluss gefasst haben, auf Dauer zu vermieten[30]. Hieran fehlt es, wenn der Steuerpflichtige das Grundstück kurzfristig wieder verkaufen will oder er sich noch nicht entschieden hat, ob er das Grundstück langfristig vermieten oder kurzfristig verkaufen will[31]. Ein solch fehlender – endgültiger – Entschluss des Steuerpflichtigen zur Dauervermietung kann anhand einer Vielzahl von Beweisanzeichen festzustellen sein. Einige Beispiele aus der Rechtspraxis:

aa) Der Steuerpflichtige hat mit den Mietern nur Zeitmietverträge abgeschlossen[32]. Der BFH indes sieht in dem Abschluss eines Zeitmietvertrages allein noch kein Indiz gegen eine auf Dauer angelegte Vermietung, denn es komme nicht allein auf die Befristung des Vertrags an. Erst wenn weitere Umstände hinzutreten, die zusammen mit dem auf bestimmte Zeit abgeschlossenen Vertrag den Schluss auf eine nicht auf Dauer angelegte Vermietungstätigkeit zulassen, dürfe auf Liebhaberei

---

26 Vgl. dazu auch BFH, Urteil vom 18.9.2002 – X R 28/00, BStBl II 2003, S. 133, m.w.N.
27 BFH, Urteil vom 30.9.1997 – IX R 80/94, BStBl II 1998, S. 771.
28 **BMF**-Schreiben vom 8.10.2004, BStBl I 2004, S. 933, **RdNr. 5.**
29 BFH, Urteil vom 9.7.2002 – IX R 47/99, BStBl II 2003, S. 580.
30 BFH, Urteil vom 18.1.2006 – IX R 18/04, BFH/NV 2006, S. 1078.
31 BFH, Urteil vom 8.3.2006 – IX R 19/04, BFH/NV 2006, S. 1637.
32 **BMF**-Schreiben vom 8.10.2004, BStBl I 2004, S. 933, **RdNr. 6**; vgl. auch: BFH, Beschluss vom 2.7.2008 – IX B 46/08, BStBl II 2008, S. 815: Mietvertrag auf 20 Jahre.

geprüft werden[33]. Zwingend schädlich ist in daher eine im Falle eine im befristeten Mietvertrag zusätzlich dokumentierte Verkaufs- oder Selbstnutzungsabsicht[34]. Wird die Verkaufsabsicht in einem unbefristeten Mietvertrag festgehalten, ist gleichfalls von einer Befristung auszugehen[35]. Die negative Indizwirkung dieser Tatsachen kann nicht durch den Umstand wieder infrage gestellt werden, dass der Vermieter das Mietverhältnis vor Fristablauf durch Vereinbarung mit dem Mieter in ein unbefristetes Mietverhältnis umgewandelt hat. Denn diese Tatsache gibt allenfalls Aufschluss über die Absichten des Vermieters im Zeitpunkt der Vertragsänderung[36].

bb) Der Steuerpflichtige hat das nötige Fremdkapital nur kurzfristig aufgenommen[37], zum Beispiel bei Aufnahme eines variabel verzinsten und damit kurzfristig kündbaren Darlehens[38].

cc) Zivilrechtliche Aufteilung eines Grundstücks kurze Zeit nach Erwerb[39]. Diese Maßnahme deutet regelmäßig auf die Absicht der baldigen Veräußerung hin, denn dies ist allein zum Zwecke einer nachhaltigen Vermietung nicht erforderlich.

dd) Untervermietung von Wohnraum, wenn die Hauptmietverträge jederzeit kurzfristig gekündigt werden können (keine verlässliche Wirtschaftsgrundlage)[40].

ee) GbR-Fonds: Vertraglich fixierte (zivilrechtliche) Aufteilung eines Grundstücks (in Eigentumswohnungen) zu einem unbestimmten Zeitpunkt (so genanntes Hamburger Modell) und tatsächlich erfolgte Aufteilung nach zehn Jahren[41].

ff) Vereinbarung eines Veräußerungszeitpunktes im Mietvertrag[42] oder im Darlehensvertrag (bei bis dahin vollständiger Fremdfinanzierung nebst Tilgungsaussetzung) bzw. sonstige Einbindung eines späteren Eigentumswechsels bereits in das (anfängliche) Finanzierungskonzept[43].

gg) Suche nach einem Käufer schon kurze Zeit nach Anschaffung oder Herstellung des Objekts[44]; die Vereinbarung eines Ankaufsrechts ist bereits schädlich[45].

---

33 BFH, Beschluss vom 24.2.2010 – IX B 53/09, juris; BFH, Urteil vom 14.12.2004 – IX R 1/04, BStBl II 2005, S. 211.
34 BFH, Urteil vom 4.12.2001 – IX R 70/98, BFH/NV 2002, S. 635; BFH, Urteil vom 9.7.2002 – IX R 57/00, BStBl II 2003, S. 695.
35 Hessisches FG, Urteil vom 14.8.2009 – 4 K 2892/08, juris.
36 BFH, Urteil vom 4.12.2001 – IX R 70/98, BFH/NV 2002, S. 635.
37 **BMF**-Schreiben vom 8.10.2004, BStBl I 2004, S. 933, **RdNr. 6**.
38 FG Brandenburg, Urteil vom 10.11.2004 – 2 K 1613/02 (*n. v.*).
39 BFH, Urteil vom 18.1.2006 – IX R 18/04, BFH/NV 2006, S. 1078.
40 FG Berlin-Brandenburg, Urteil vom 15.1.2010 – 9 K 7050/06 B, EFG 2010, S. 1128.
41 BFH, Urteil vom 20.1.2009 – IX R 49/07, BFH/NV 2009, S. 757.
42 Hessisches FG, Urteil vom 14.8.2009 – 4 K 2892/08, juris.
43 BFH, Urteil vom 19.4.2005 – IX R 15/04, BFH/NV 2005, S. 1915.
44 **BMF**-Schreiben vom 8.10.2004, BStBl I 2004, S. 933, **RdNr. 6**.

hh) Kündigung eines bestehenden Mietverhältnisses, in das der Steuerpflichtige mit der Anschaffung des Objekts eingetreten ist[46].

ii) Ein Immobilienfonds wird (nach dem Verkauf der Fondsimmobilie binnen fünf Jahren) – abweichend von den Bestimmungen des Gesellschaftsvertrags – durch Gesellschafterbeschluss vorzeitig aufgelöst und eine Ersatzimmobilie nicht angeschafft[47].

jj) Der Steuerpflichtige hat sich bei einem Mietkauf- oder Bauherrenmodell ein Rückkaufangebot bzw. eine Verkaufsgarantie geben lassen[48].

kk) Absehbarer (drohender) Verkauf auf Grund wirtschaftlicher Zwänge[49].

ll) Hohes Alter des Mieters bei unwahrscheinlicher Anschlussvermietung[50].

c) *Langfristiges Engagement trotz Befristung oder alsbaldigem Verkauf:*
Der Steuerpflichtige kann trotz Befristung seine Vermietungtätigkeit gleichwohl auf Dauer angelegt haben, wenn z. B. (gegebenenfalls auf unbestimmte Zeit) mehrere Zeitmietverträge hintereinander abgeschlossen werden (sollen) oder der ursprüngliche Vertrag verlängert werden soll[51]. Es müssen aber stets Umstände hinzutreten, die zusammen mit dem Abschluss des Vertrages auf eine bestimmte Zeit den Schluss rechtfertigen, der Vermieter habe seine Tätigkeit auf Dauer ausgerichtet. Für eine auf Dauer angelegte Vermietungtätigkeit spricht es, wenn sich der Steuerpflichtige tatsächlich so verhält und seine Wohnung nach Ablauf der ausbedungenen Mietzeit wiederum vermietet oder den befristeten Vertrag verlängert[52]. Es erscheint daher geboten, bei Vorliegen von Zeitmietverträgen die Veranlagungen vorläufig (§ 165 Abs. 1 AO) vornehmen.

Auch im Falle der persönlichen Weitervermietung nach Auflösung einer befristeten Vermietungs-GbR (sog. Hamburger Modell) unterstellt die Finanzverwaltung eine Einkunftserzielungsabsicht[53]. Es lassen sich auch Entscheidungen finden, welche eine tatsächlich erfolgte Veräußerung nach einer nur kurzfristigen Vermietungsphase als unschädlich beurteilt haben, etwa bei Verkauf bei günstiger Ge-

---

45 FG Düsseldorf, Urteil vom 25.11.2008 – 17 K 846/06 F, juris (nachgehend: *BFH, Urteil vom 11.5.2010 – IX R 28/09, juris*).

46 **BMF**-Schreiben vom 8.10.2004, BStBl I 2004, S. 933, **RdNr. 6**.

47 FG München, Urteil vom 9.11.2005 – 1 K 2004/03, HaufeIndex 1475827.

48 **BMF**-Schreiben vom 8.10.2004, BStBl I 2004, S. 933, **RdNr. 5**.

49 FG Saarland, Urteil vom 5.12.2002 – 1 K 215/99, EFG 2003, S. 328; FG Saarland, Urteil vom 26.10.1990 – 1 K 197/89, EFG 1991, S. 125; FG Köln, Beschluss vom 10.4.1996 – 2 V 5073/95 (*n.v.*).

50 FG Hamburg, Urteil vom 9.3.2004 – VI 161/01, HaufeIndex 1219950; vgl. a. FG München, Urteil vom 21.5.2010 – 8 K 680/08, juris, a. E..

51 BFH, Urteil vom 14.12.2004 – IX R 1/04, BStBl II 2005, S. 211.

52 Vgl. BFH, Urteil vom 28.6.2002 – IX R 68/99, BStBl II 2002, S. 699.

53 Ausführlich bei *Stein*, Verluste, Rdn. 947–950 und 664–683.

legenheit[54], Verkauf trotz Vermietungsabsicht[55] oder Verkauf mangels Finanzierbarkeit[56].

3. Alsbaldige Selbstnutzung zu eigenen Wohnzwecken

Es kommt immer wieder vor, dass ein Steuerpflichtiger ein (Liebhaberei-)Objekt unter anderem in der Absicht erwirbt, es in einigen Jahren z. B. als Altersruhesitz[57] oder nach Beendigung einer längeren Auslandstätigkeit[58] selbst zu beziehen, bis dahin aber seine Kosten durch Vermietung mindern will. Wird ein Gebäude oder eine Eigentumswohnung zunächst für kurze Zeit vermietet und anschließend zu eigenen Wohnzwecken genutzt, stellt sich regelmäßig die Frage, ob der Eigentümer die Vermietung mit Einkunftserzielungsabsicht betrieben hat[59]. Jedenfalls bei einer wegen beabsichtigter Selbstnutzung von vornherein nur kurzfristig angelegten Vermietungstätigkeit fehlt es an der Einkunftserzielungsabsicht, wenn der Steuerpflichtige in diesem Zeitraum kein positives Gesamtergebnis erreichen kann[60].

Die Vermietung muss nicht befristet sein um insoweit als „kurzfristig angelegt" zu gelten. Ein gegen die Einkunftserzielungsabsicht sprechendes Indiz liegt auch dann vor, wenn der Steuerpflichtige innerhalb eines engen zeitlichen Zusammenhangs – von i. d. R. bis zu fünf Jahren – zur Selbstnutzung übergeht[61]. Das Finanzamt wird also gegebenenfalls nach Beweisanzeichen suchen, die für eine von Anfang an bestehende Absicht sprechen, die Wohnung nur vorübergehend zu vermieten. Eine abschließende Entscheidung erfordert die Einbeziehung aller dafür und dagegen sprechender Indizien[62]. Für eine von Anfang an bestehende Absicht, die Wohnung nur vorübergehend zu vermieten und anschließend selbst zu nutzen, können folgende Indizien sprechen:

a) Kündigung eines bestehenden Mietverhältnisses, in das der Steuerpflichtige mit dem Erwerb des Objekts eingetreten ist[63]

---

54 Hessisches FG, Urteil vom 10.9.2003 – 2 K 3585/98, HaufeIndex 1053250.
55 FG Hamburg, Urteil vom 15.2.2000 – VI 130/99, HaufeIndex 509256.
56 FG Düsseldorf, Urteil vom 16.12.1999 – 13 K 556/95 F (juris – nachgehend: *BFH, Urteil vom 28.5.2002 – IX R 86/00, BStBl II 2002, S. 840, betr. Reichweite des § 176 AO*).
57 Etwa BFH, Urteil vom 4.11.2003 – IX R 55/02, BFH/NV 2004, S. 484; BFH, **Beschluss** vom 31.7.1998 – IX B 3/98, BFH/NV 1999, S. 324; BFH, Urteil vom 24.9.1985 – IX R 32/80, BFH/NV 1986, S. 449.
58 FG Baden-Württemberg, Urteil vom 21.1.1993 – 6 K 20/92, EFG 1993, S. 515.
59 Rechtsprechungsübersicht bei *Stein*, Verluste, Rdn. 1016–1030 (BFH) und 1012–1015 (Finanzgerichte).
60 BFH, Urteil vom 9.7.2002 – IX R 57/00, BStBl II 2003, S. 695.
61 BFH, Beschluss vom 31.10.2003 – IX B 97/03, BFH/NV 2004, S. 196.
62 Zu den Schwierigkeiten der Indizienwürdigung: BFH, Urteil vom 9.10.2008 – IX R 54/07, BFH/NV 2009, S. 150.
63 **BMF**-Schreiben vom 8.10.2004, BStBl I 2004, S. 933, **RdNr. 6**.

b) Kündigung eines bestehenden Mietverhältnisses wegen Eigenbedarfs unmittelbar nach dem Zeitpunkt der (seit längerem feststehenden) Pensionierung/Verrentung des Steuerpflichtigen[64]

c) Kündigung des Mietvertrages für die bisherige Familienwohnung des Steuerpflichtigen[65]

d) Verkauf der bisher vom Steuerpflichtigen selbst genutzten Wohnung (gegebenenfalls unter Vereinbarung eines in der Zukunft liegenden Übergabetermins)

e) Abschluss von Zeitmietverträgen[66]

Eine spätere Selbstnutzung zu eigenen Wohnzwecken kann (allein) aber nur dann als Indiz für die Annahme fehlender Einkunftserzielungsabsicht herangezogen werden, wenn die spätere Selbstnutzung als einigermaßen wahrscheinlich gilt[67]. Die noch indifferente Überlegung einer möglichen Selbstnutzung, die der Vermieter – nur für sich – in Betracht zieht, ist (allein) noch nicht als schädlich zu bewerten[68]. Treten zu einer von der Finanzbehörde (lediglich) vermuteten späteren Selbstnutzung weitere gegen die Einkunftserzielungsabsicht sprechende Indizien hinzu (z. B. strukturelle Werbungskostenüberschüsse; kurze oder/ und vollständige Fremdfinanzierung, Zeitmietvertrag usw.), kann dies zu einer Beweislastumkehr führen[69]. Der Steuerpflichtige muss zur Widerlegung des schädlichen Anscheins seine Einkunftserzielungsabsicht dann im Rahmen einer Prognose – bezogen auf die nur zeitbegrenzte Vermietungstätigkeit – glaubhaft machen.

Dem Steuerpflichtigen steht die Möglichkeit offen, Umstände dafür vorzutragen, dass er sich erst nachträglich entschlossen hat, die bisher vermietete Wohnung selbst zu beziehen. Dafür kann sprechen, dass beim Steuerpflichtigen (oder gegebenenfalls seinem Angehörigen) überraschend ein nicht vorhersehbarer Wohnbedarf entstanden ist[70]. Dies wäre denkbar, wenn der Steuerpflichtige oder der Angehörige überraschend wegen Krankheit oder Kündigung seine Berufstätigkeit aufgeben musste oder etwa wenn der Mietvertrag über die bisherige Familienwohnung des Steuerpflichtigen vom Hauseigentümer wurde oder das Gebäude wegen Bauschäden abgerissen werden musste.

---

64   *Stein*, Verluste, Rdn. 1045.
65   Vgl. etwa FG München, Urteil vom 6.12.2001 – 1 K 4562/00, HaufeIndex 841091 (nachgehend: *BFH, Beschluss vom 25.9.2002 – IX B 4/02, BFH/NV 2003, S. 160*).
66   **BMF**-Schreiben vom 8.10.2004, BStBl I 2004, S. 933, **RdNr. 6.**
67   Zuletzt: BFH, Urteil vom 9.10.2008 – IX R 54/07, BFH/NV 2009, S. 150.
68   BFH, Urteil vom 9.10.2008 – IX R 54/07, BFH/NV 2009, S. 150.
69   FG Berlin, Urteil vom 27.1.1997 – 8097/96, EFG 1997, S. 665.
70   *Stein*, Verluste, Rdn. 1047.

4. Alsbaldige unentgeltliche Nutzungsüberlassung

Eine Vermietungsphase kann nicht nur durch den Verkauf des Objektes oder durch eine nachfolgende Selbstnutzung zu eigenen Wohnzwecken beendet werden. Denkbar ist auch, dass nach Beendigung der Vermietung eine unentgeltliche Nutzungsüberlassung an nahe Angehörige erfolgt[71]. Für die Beurteilung der Einkunftserzielungsabsicht kann eine beabsichtigte unentgeltliche Nutzungsüberlassung an nahe Angehörige mit einer beabsichtigten Nutzung zu eigenen Wohnzwecken gleichgesetzt werden. In beiden Fällen soll das Vermietungsobjekt zur Befriedigung persönlicher, einkommensteuerlich irrelevanter, Bedürfnisse verwendet werden (Wohnbedürfnis, Bedürfnis der Unterstützung von Angehörigen).

Es müssen deshalb dieselben Beurteilungsgrundsätze, wie bei einer beabsichtigten (bzw. tatsächlich erfolgten) Selbstnutzung zu eigenen Wohnzwecken gelten. Ist die nachfolgende unentgeltliche Nutzungsüberlassung von vornherein absehbar, etwa weil das vorangehende verlustbringende Mietverhältnis zeitlich befristet war, ist eine Einkunftserzielungsabsicht also nicht gegeben, weil es erkennbar an der Absicht zur Dauervermietung fehlt. Eine sog. Dauervermietung liegt indes vor, wenn eine alsbaldige unentgeltliche Nutzungsüberlassung zwar mietvertraglich bestimmt ist, aber aufgrund der Lebenserwartung des Mieters nicht damit zu rechnen ist, dass dieser Fall eintreten wird[72].

5. Modelle mit Rückkaufangeboten oder Wiederverkaufsgarantien

Die Beurteilung der Einkunftserzielungsabsicht bei Mietkaufmodellen oder Bauherrenmodellen mit Rückkaufangebot oder Verkaufsgarantie hat in der Praxis kaum noch Bedeutung[73]. Die Problematik dreht sich um Modelle der Siebziger- und Achtzigerjahre, bei denen schon die vertragliche Gestaltung regelmäßig eine nur kurzfristige Haltedauer indizierte.

a) Dem Anleger im Mietkaufmodell fehlt die Einkunftserzielungsabsicht, solange er sich noch nicht entschieden hat, ob er das Grundstück langfristig vermieten oder kurzfristig verkaufen will[74]. Der Anleger kann jedoch den Gegenbeweis antreten, wonach in seinem Falle wegen bereits anfänglicher Dauervermietungsabsicht ein modelltypischer Sachverhalt nicht vorliege[75]. Beteiligungsverluste sind ferner anzuerkennen, wenn sich einzelne Beteiligte einer (Bauherren)Gemeinschaft an dem Modell nicht beteiligt haben[76].

---

71 BFH, Urteil vom 9.7.2002 – IX R 33/01, BFH/NV 2002, S. 1565.
72 FG Düsseldorf, Urteil vom 23.4.2008 – 2 K 2716/06 E, juris.
73 Ausführlich *Stein*, Verluste, Rdn. 1051–1056, m.w.N..
74 Statt vieler: BFH, Urteil vom 30.10.1990 – IX R 92/89, BFH/NV 1991, S. 390.
75 FG Saarland, Gerichtsbescheid vom 15.7.2005 – 1 K 343/02, HaufeIndex 1418285; s. ferner FG Saarland, Beschluss vom 22.8.2001 – 1 V 77/01, HaufeIndex 788857.
76 Vgl. FG Berlin, Urteil vom 23.2.1994 – II 15/85, HaufeIndex 1379498.

b) Im Bauherren- oder Erwerbermodell wird fehlende Einkunftserzielungsabsicht durch ein Rückkaufangebot oder eine Verkaufsgarantie indiziert[77]. Bei diesen Gestaltungen kann sich der Anleger ebenfalls innerhalb der Verlustperiode ohne Vermögensverlust wieder von der Immobilie trennen. Auf die bürgerlich-rechtliche Wirksamkeit der Rückkaufgarantie kommt es nicht an, weil auch unwirksame Angebote dieser Art einen Anreiz für einen kurzfristigen Verkauf bieten[78]. Die Schädlichkeit (= fehlende Entschlossenheit zur Dauervermietung) eines dem Erwerber einer Immobilie eingeräumten Rückkaufangebotes bzw. einer eingeräumten Verkaufsgarantie kann vom Steuerpflichtigen grundsätzlich widerlegt werden[79].

6. Blick zum gewerblichen Grundstückshandel

Eine Überprüfung der Einkunftserzielungsabsicht nach den Maßstäben für Vermietungseinkünfte wird entbehrlich, wenn wegen des kurzfristigen Verkaufs – und gegebenenfalls weiterer Grundstücksgeschäfte – ein gewerblicher Grundstückshandel[80] anzunehmen ist[81]. Die Rechtsfolgen:

a) Das Grundstück gehört dann von Anfang an zum Betriebsvermögen des gewerblichen Grundstückshandels.

b) Die vereinnahmten Mieten sind Betriebseinnahmen.

c) Abschreibungen sind nicht zulässig, weil die Gebäude beim gewerblichen Grundstückshandel zum Umlaufvermögen gehören.

Wird auch bei Annahme eines gewerblichen Grundstückshandels insgesamt ein Verlust ausgewiesen, beurteilt sich die Frage der Liebhaberei nicht nach den Maßstäben für Vermietungseinkünfte, sondern nach denjenigen für Gewerbebetriebe[82]. Dabei gilt die Vermutung, dass ein Steuerpflichtiger, der ein Gebäude mit der Absicht erwirbt oder errichtet, es kurzfristig weiterzuverkaufen, damit regelmäßig einen Gewinn anstrebt.

Ein gewerblicher Grundstückshandel kann bereits bei nur einem Verkauf anzunehmen sein, wenn erkennbar wird, dass der Steuerpflichtige von Anfang an in – unbedingter[83] – Veräußerungsabsicht gehandelt hat[84]. Dies gilt insbesondere bei einem Verkauf innerhalb von fünf Jahren nach Anschaffung/Fertigstellung.

---

77   Statt vieler: BFH, Urteil vom 14.9.1994 – IX R 71/93, BStBl II 1995, S. 116.
78   FG Berlin, Urteil vom 16.8.1995 – II 429/92, HaufeIndex 972808.
79   BFH, Urteil vom 8.3.2006 – IX R 19/04, BFH/NV 2006, S. 1637.
80   Vgl. auch **BMF**-Schreiben vom 26.2.2004 — IV A 6 – S 2241 – 0/03I, BStBl I 2004, S. 434.
81   BFH, Urteil vom 27.5.2009 – X R 39/06, juris.
82   Vgl. etwa: FG München, Urteil vom 26.10.2005 – 11 K 3595/05, EFG 2007, S. 348 — nachgehend: BFH, Urteil vom 27.5.2009 – X R 39/06, BFH/NV 2009, S. 1790.
83   Zur sog. „unbedingten Veräußerungsabsicht" vgl. etwa BFH, Urteil vom 27.11.2008 – IV R 38/06, BStBl II 2009, S. 278.

Bei einem Verkauf von mehr als fünf Jahren, aber vor Ablauf von zehn Jahren wird ein gewerblicher Grundstückshandel bei lediglich einem Objekt nur in Ausnahmefällen anzunehmen sein (insbesondere im Fall sog. Großobjekte) bzw. bei einem Verkauf nach Fertigstellung oder Abschluss einer grundlegenden Sanierung. Bei der Veräußerung mehrerer Objekte wird häufig auch ein nach Ablauf der Fünfjahresfrist veräußertes Objekt einbezogen, wenn andere Objekte vor Ablauf der Frist verkauft werden.

---

84   BFH, Urteil vom 18.9.2002 – X R 183/96, BStBl II 2003, S. 238.

VI. Einkunftserzielung und Einkunftsermittlung bei Ferienwohnungen

Ausweislich der Grundsatzentscheidung des BFH vom 30.9.1997[1] liegt eine Ausnahme von der fiktiven Einkunftserzielungsabsicht bei Dauervermietung (Prognoseverbot) auch dann vor, wenn besondere Arten der Nutzung der Immobilie ausnahmsweise schon für sich allein Beweisanzeichen für eine private, nicht mit der Erzielung von Einkünften zusammenhängende Veranlassung sind. Hierbei nimmt der BFH ausdrücklich Bezug auf sein grundlegendes (Ferienwohnungs-)-Urteil vom 13.8.1996[2].

Höchstrichterlich ungeklärt war jedoch, ob die vom BFH mit dem Grundsatzurteil vom 30.9.1997 erkannte Fiktion (keine Liebhabereiprüfung bei Dauervermietung) auch für auf Dauer vermietete Ferienwohnungen greifen kann, bei denen sich zwar selbst bei einem sehr langen Betrachtungszeitraum – jenseits der bis dahin von den Finanzgerichten überwiegend angenommenen 50 Jahre – kein Totalüberschuss prognostizieren lässt, die Wohnung aber vom Steuerpflichtigen nicht selbst genutzt wird (sog. ausschließliche Vermietung).

1. „Vorarbeit" der Finanzgerichte

Die Rechtsprechung der Instanzgerichte war in diesem Punkt uneinheitlich, weil die unklare Formulierung des BFH-Urteils vom 30.9.1997[3] Raum für verschiedene Auslegungen bot. Einige Finanzgerichte hielten in jeweils einem Fall ohne erkennbare Selbstnutzung des Steuerpflichtigen die Einkunftserzielungsabsicht für gegeben[4]. Andere Finanzgerichte forderten indes auch in Fällen von „Nicht-Selbstnutzung" einen (voraussichtlichen) Totalüberschuss ein[5].

2. Die „neue" Rechtsprechung des BFH

Mit seiner Grundsatzentscheidung vom 6.11.2001 – IX R 97/00[6] (Leiturteil) hat der BFH diese Streitfrage zu Gunsten der Steuerpflichtigen entschieden und zugleich neue Rechtsprechungsgrundsätze für die Einkünfteermittlung und die Einkunftserzielung bei der Vermietung von Ferienwohnungen aufgestellt. Der BFH

---

1   BFH, Urteil vom 30.9.1997 – IX R 80/94, BStBl II 1998, S. 771.
2   BFH, Urteil vom 13.8.1996 – IX R 48/94, BStBl II 1997, S. 42.
3   BFH, Urteil vom 30.9.1997 – IX R 80/94, BStBl II 1998, S. 771.
4   Etwa FG Hamburg, Urteil vom 29.4.1998 – III 189/96, HaufeIndex 978729; FG Hamburg, Urteil vom 11.12.1995 – V 87/93, EFG 1996, S. 469; FG Berlin, Urteil vom 17.12.1997 – II 173/94, EFG 1998, S. 1131.
5   FG Rheinland-Pfalz, Urteil vom 19.12.1997 – 3 K 1336/94, HaufeIndex 1095683; zahlreiche weitere Nachweise bei *Stein*, Verluste, Rdn. 1115.
6   BFH, Urteil vom 6.11.2001 – IX R 97/00, BStBl II 2002, S. 726.

hat darin zunächst den Werbungskostenabzug maßgebend erweitert. Nach diesen Grundsätzen ist – anders als in der früheren BFH-Rechtsprechung – in einer ersten Stufe zu unterscheiden, ob der Steuerpflichtige seine Ferienwohnung ausschließlich an wechselnde Feriengäste vermietet oder auch selbst nutzt. Die Finanzverwaltung hat die neuen Grundsätze des BFH im Wesentlichen übernommen.

a) Ausgangsfall der Grundsatzentscheidung IX R 97/00: In dem Ausgangsfall, der dem Ferienwohnungsleiturteil vom 6.11.2001[7] zu Grunde lag, waren die Kläger Eigentümer einer in 1990 erworbenen und im Jahre 1999 wieder verkauften Ferienwohnung, die sie durch eine Verwalterin an wechselnde Feriengäste vermieten ließen. In der hierzu geschlossenen Verwaltungsvereinbarung hatten die Kläger sich vier Wochen jährlich zur Selbstnutzung und Renovierung vorbehalten; die übrige Zeit stand die Wohnung ausschließlich der Verwalterin zur Vermietung zur Verfügung. Die Ferienwohnung war in den beiden Streitjahren (1990 und 1991) an 174 bzw. 185 Tagen vermietet. Sowohl in den beiden Streitjahren als auch in den vier Folgejahren machten die Kläger aus der Vermietung der Ferienwohnung Werbungskostenüberschüsse geltend[8].

Das Finanzamt ließ in den Streitjahren die Werbungskosten nur mit einem nach den Vermietungstagen berechneten Anteil zum Abzug zu und ermittelte so positive Einkünfte (1990: 98 DM; 1991: 1.736 DM). Das Finanzgericht[9] gab der Klage insoweit statt, als es keine Einkünfte aus der Vermietung der Ferienwohnung ansetzte weil die Vermietungstätigkeit als Liebhaberei anzusehen sei. In der Zeit vom Erwerb der Ferienwohnung bis zu ihrem Verkauf im Jahre 1999 sei ein Totalüberschuss der Einnahmen über die Ausgaben weder erzielt worden noch nach den bei Beginn der Vermietungszeit bekannten objektiven Umständen zu erwarten gewesen. Der BFH widersprach jedoch der Vorentscheidung und wies die Sache zurück.

b) Umfangreiche Folgerechtsprechung: Zum Ferienwohnungs-Leiturteil vom 6.11.2001 liegt eine umfangreiche Folgerechtsprechung des BFH[10] vor. Bei den Folgeentscheidungen des BFH handelt es sich i. d. R. um Zurückverweisungen an die Finanzgerichte unter Hinweis auf die Vorgaben des Ferienwohnungs-Leiturteils. In Teilbereichen wurden auch neue Grundsätze aufgestellt[11].

---

7 BFH, Urteil vom 6.11.2001 – IX R 97/00, BStBl II 2002, S. 726.
8 1990: 10.496 DM; 1991: 8.252 DM; 1992: 7.471 DM; 1993: 10.108 DM; 1994: 14.057 DM; 1995: 7.709 DM.
9 Schleswig-Holsteinisches FG, Urteil vom 14.9.2000 – III 1552/97, EFG 2001, S. 212.
10 Zuletzt: Etwa BFH, Urteil vom 28.10.2009 – IX R 30/08, juris; BFH, Urteil vom 24.8.2006 – IX R 15/06, BStBl II 2007, S. 256; BFH, Urteil vom 15.2.2005 – IX R 53/03, BFH/NV 2005, S. 1059; BFH, Urteil vom 26.10.2004 – IX R 57/02, BStBl II 2005, S. 388; *weitere Nachweise bei Stein*, Verluste, Rdn. 1076.
11 Vgl. etwa BFH, Urteil vom 26.10.2004 – IX R 57/02, BStBl II 2005, S. 388; BFH, Urteil vom 26.10.2004 – IX R 26/02, BFH/NV 2005, S. 688; BFH, Urteil vom 15.2.2005 – IX R 53/03,

c) Reaktion der Finanzverwaltung: Die Finanzverwaltung hat die neuen Grundsätze des BFH nahezu uneingeschränkt übernommen[12].

2.1 Ausschließliche Vermietung

a) Grundsatz – Keine Liebhabereiprüfung: Wird die Ferienwohnung ausschließlich und dauerhaft an wechselnde Feriengäste vermietet und in der übrigen Zeit (Leerstandszeiten) hierfür bereitgehalten (ausschließliche Vermietung), ist grundsätzlich ohne weitere Prüfung von dem Vorliegen der Einkunftserzielungsabsicht des Steuerpflichtigen auszugehen[13]. Das heißt, die Grundsätze des BFH-Urteils vom 30.9.1997[14] kommen zur Anwendung, was zu einer ungeprüften Unterstellung der Einkunftserzielungsabsicht zu Gunsten des Steuerpflichtigen führt. Dabei ist unerheblich, ob der Steuerpflichtige die Ferienwohnung in Eigenregie oder durch Einschalten eines Dritten vermietet[15]. Auch der allgemeine Vorbehalt des Steuerpflichtigen, ein Grundstück zu veräußern, wenn geänderte äußere Umstände und Bedingungen dies erzwingen sollten, steht nicht entgegen[16]. Dies ist jedoch nicht als Freibrief für „Veräußerungswillige" zu verstehen. Jedenfalls wenn der Verkauf des Wohnobjektes im Vordergrund steht, wird eine Totalüberschussprognose erforderlich[17].

b) Wechsel von der ausschließlichen Vermietung zur Mischnutzung und umgekehrt: Ist in späteren Veranlagungszeiträumen eine Selbstnutzung gegeben oder wird eine Selbstnutzung vorbehalten, entfällt ab diesem Zeitpunkt die Möglichkeit grundsätzlich ohne Prüfung von der Einkunftserzielungsabsicht auszugehen[18]. Ab diesem Zeitpunkt, d. h. erstmals für dieses Jahr, muss eine Prüfung der Einkunftserzielungsabsicht mittels Prognoserechnung erfolgen[19]. Der Steuerpflichtige muss also objektive Umstände vortragen, auf Grund derer im Beurteilungszeitraum ein Totalüberschuss erwartet werden konnte[20]. Eine hiervon abweichende strengere Beurteilung erscheint erforderlich, wenn die Ferienwohnung vor dem Nutzungs-

---

BFH/NV 2005, S. 1059; BFH, Urteil vom 14.12.2004 – IX R 70/02, BFH/NV 2005, S. 1040; BFH, Beschluss vom 29.11.2005 – IX B 109/05, BFH/NV 2006, S. 719; zuletzt: BFH, Urteil vom 28.10.2009 – IX R 30/08, BFH/NV 2010, S. 850; BFH, Beschluss vom 14.1.2010 – IX B 146/09, BFH/NV 2010, S. 869.

12 **BMF**-Schreiben vom 8.10.2004, BStBl I 2004, S. 933, **RdNr. 16–23**; ergänzend siehe zuletzt: **OFD** Niedersachsen, Vfg. vom 18.6.2010 — S 2254 – 52 – St 233/St 234, juris.

13 **BMF**-Schreiben vom 8.10.2004, BStBl I 2004, S. 933, **RdNr. 16**;BFH, Urteil vom 24.8.2006 – IX R 15/06, BStBl II 2007, S. 256.

14 BFH, Urteil vom 30.9.1997 – IX R 80/94, BStBl II 1998, S. 771.

15 **BMF**-Schreiben vom 8.10.2004, BStBl I 2004, S. 933, **RdNr. 16**; BFH, Urteil vom 6.11.2001 – IX R 38/98, BFH/NV 2002, S. 770.

16 BFH, Urteil vom 17.9.2002 – IX R 11/02, BFH/NV 2003, S. 155.

17 BFH, Urteil vom 5.4.2005 – IX R 48/04, BFH/NV 2005, S. 1299.

18 **BMF**-Schreiben vom 8.10.2004, BStBl I 2004, S. 933, **RdNr. 20**.

19 **OFD** Niedersachsen, Vfg. vom 18.6.2010 — S 2254 – 52 – St 233/St 234, juris, Tz. 1.e).

20 **BMF**-Schreiben vom 8.10.2004, BStBl I 2004, S. 933, **RdNr. 21**.

wechsel nur für kurze Zeit (ein oder zwei Jahre) ausschließlich durch Vermietung genutzt wird. In diesem Fall sind auch die Anfangsjahre der ausschließlichen Vermietung in die Liebhabereiprüfung einzubeziehen[21].

Die erst in späteren Jahren zur Vermietung hinzutretende Selbstnutzung begründet also nach Ansicht von BFH und Verwaltung einen Beurteilungswechsel ab diesem Zeitpunkt (keine Liebhabereiprüfung mehr). Dies muss grundsätzlich auch im umgekehrten Fall dazu führen, dass nach einem späteren Selbstnutzungsverzicht die Einkunftserzielungsabsicht künftig unterstellt wird und ihre Prüfung unterbleiben kann[22]. Eine andere Beurteilung (also Liebhabereiprüfung) erscheint indes geboten, wenn der Steuerpflichtige nur für ein einzelnes Jahr auf die Selbstnutzung verzichtet; Dieses (Verlust-)Jahr muss *meines Erachtens* in die Liebhabereigesamtprüfung einbezogen werden (gegebenenfalls neue Prognoserechnung mit anderen Zahlen)[23].

c) Erhebliches Unterschreiten der ortsüblichen Vermietungszeit: Ausnahmsweise soll aber auch bei einer ausschließlich an wechselnde Feriengäste – in Eigenregie oder durch Beauftragung eines Dritten – vermieteten Ferienwohnung die Einkunftserzielungsabsicht des Steuerpflichtigen anhand der Überschussprognose überprüft werden[24], wenn

aa) ohne Vorliegen von Vermietungshindernissen

Derartige prüfungsunschädliche Hindernisse sind etwa bei Unbenutzbarkeit der Wohnung auf Grund von Instandsetzungsarbeiten[25] oder höherer Gewalt[26] gegeben. Zu akzeptieren sind auch längere Bauarbeiten in der Nachbarschaft oder an der Zufahrt zur Ferienwohnung[27]. Derartige Arbeiten und deren Gründe sollten zur Beweisvorsorge dokumentiert werden. Zu bedenken ist aber, dass der Umstand einer allgemein schlechten Vermietbarkeit[28] oder die Abwicklung von Mieterwechseln[29] kein Vermietungshindernis darstellt. Selbst eine langjährige Vollsperrung der Straße soll kein Vermietungshindernis sein[30].

---

21 *Stein*, Verluste, Rdn. 1081, Hinweis 222.
22 *Stein*, Verluste, Rdn. 1082, Hinweis 223.
23 *Stein*, Verluste, Rdn. 1083.
24 BFH, Urteile vom 26.10.2004 – IX R 57/02, BStBl II 2005, S. 388; zuletzt etwa: Thüringer FG, Urteil vom 28.1.2009 – IV 420/03, n. v.; FG Baden-Württemberg, Urteil vom 18.5.2009 – 6 K 249/07, n. v.
25 **OFD** Niedersachsen, Vfg. vom 18.6.2010 — S 2254 – 52 – St 233/St 234, juris, Tz. 1.c).
26 FG Baden-Württemberg, Urteil vom 16.12.2003 – 2 K 367/01, EFG 2005, S. 112.
27 *Stein*, Verluste, Rdn. 1084, Hinweis 224.
28 BFH, Urteil vom 29.8.2007 – IX R 48/06, BFH/NV 2008, S. 34.
29 FG Münster, Urteil vom 9.11.2006 – 14 K 3244/05 E, EFG 2007, S. 1163 (nachgehend: *BFH, Urteil vom 24.6.2008 – IX R 12/07, BFH/NV 2008, S. 1484*).
30 Thüringer FG, Urteil vom 28.1.2009 – IV 420/03, n. v.

bb) das Vermieten die ortsübliche Vermietungszeit von Ferienwohnungen

Hierbei ist die durchschnittliche Vermietungszeit der Ferienwohnungen (Vergleichs-wohnungen) am Ferienort (Durchschnitt des gesamten Ortes) maßgebend[31]. Be-weisvorsorge ist insoweit anzuraten.

cc) erheblich – das heißt mindestens um 25 % – unterschreitet[32].

Aus Vereinfachungsgründen hat der BFH die zur Prognose führende Unterschrei-tungsgrenze bei mindestens 25 % der ortsüblichen Vermietungszeit angesetzt[33]. Der Steuerpflichtige muss die ortsüblichen Vermietungstage nachweisen; kann er dies nicht, wird in eine Totalüberschussprognose fällig[34].

Die Vorgaben des BFH betreffen ausdrücklich nur ausschließlich vermietete Fe-rienwohnungen. Wird eine solche zeitweise auch selbst genutzt, kommt es nach Aufteilung der Leerstandszeiten ohnehin zu einer Prognose. Die Verwaltung wen-det die Rechtsprechung auf alle in RdNr. 17 des BMF-Schreibens 8.10.2004[35] ge-nannten Vermietungsvarianten an[36].

d) Gewerbliche Vermietung: Die vom BFH grundsätzlich ungeprüfte Unterstel-lung der Einkunftserzielungsabsicht bei ausschließlicher Ferienwohnungsvermie-tung ist eine Spezialität der Einkünfte aus Vermietung und Verpachtung. Dieses Liebhabereiüberprüfungsverbot kommt deshalb nicht zur Geltung, wenn die Ver-mietung der Ferienwohnung einer anderen Einkunftsart – etwa § 15 EStG oder § 13 EStG – zuzuordnen ist[37]. Im Rahmen einer anderen Einkunftsart kann also die Einkunftserzielungsabsicht ohne weiteres geprüft werden und Liebhaberei auch dann gegeben sein, wenn der Steuerpflichtige die Ferienwohnung selbst niemals für Ferienzwecke nutzt und sich auch nicht zur Selbstnutzung vorbehält[38].

Für den Verlustzeitraum sind dann auch Wertänderungen der Ferienwohnung zu berücksichtigen, sofern deren Nutzung im Falle der Verneinung der Liebhaberei einen Gewerbebetrieb darstellen und daher nicht zu Einkünften aus Vermietung

---

31 BFH, Urteil vom 24.6.2008 – IX R 12/07, BFH/NV 2008, S. 1484.
32 Vgl. BFH, Urteil vom 19.8.2008 – IX R 39/07, BStBl II 2009, S. 138.
33 Zur Kritik siehe: *Stein*, Verluste, Rdn. 1084, Kritik 16.
34 BFH, Urteil vom 19.8.2008 – IX R 39/07, BStBl II 2009, S. 138.
35 **BMF**-Schreiben vom 8.10.2004, BStBl I 2004, S. 933.
36 **OFD** Niedersachsen, Vfg. vom 18.6.2010 — S 2254 – 52 – St 233/St 234, juris, Tz. 1.c).
37 BFH, Urteil vom 29.3.2007 – IV R 6/05, BFH/NV 2007, S. 1492.
38 FG Münster, Urteil vom 9.5.1996 – 5 K 524/94 E, EFG 1997, S. 280; Thüringer FG, Urteil vom 19.2.2003 – III 459/00, HaufeIndex 1232559; Niedersächsisches FG, Urteil vom 2.12.2003 – 8 K 10406/01, EFG 2004, S. 1665; Niedersächsisches FG, Urteil vom 22.11.2004 – 15 K 160/01, EFG 2005, S. 1764 (nachgehend: *BFH, Urteil vom 29.3.2007 – IV R 6/05, BFH/NV 2007, S. 1492 – Zu-rückverweisung*).

und Verpachtung führen würde[39]. In der Praxis kann es daher notwendig werden, zu bestimmen, welche Einkunftsart – bei fiktiver Verneinung einer Liebhaberei – in Betracht käme, um vorab zu klären, ob das Finanzamt berechtigt ist, die Einkunftserzielungsabsicht zu überprüfen[40].

c) Definition „ausschließliche Vermietung": Steht eine Ferienwohnung objektiv für eine persönliche Nutzung durch den Eigentümer zur Verfügung, so begründet dies zunächst die tatsächliche Vermutung für eine Verwendung/Vorhaltung (auch) für Zwecke der privaten Lebensführung[41]. Deshalb übertragen BFH und Verwaltung dem Steuerpflichtigen auch die Feststellungslast für die Tatfrage, ob eine ausschließliche Vermietung vorliegt[42]. Eine „ausschließlich und dauerhaft an wechselnde Feriengäste vermietete Ferienwohnung" im Sinne der Rechtsprechung des BFH liegt nur dann vor, wenn die Wohnung ernsthaft und nachhaltig zur Vermietung an einen nicht von vornherein begrenzten Mieterkreis angeboten wird und zudem tatsächlich dauerhaft zur Vermietung zur Verfügung steht[43].

aa) Fehlende Selbstnutzung: Die vom BFH geforderte Feststellung, ob der Steuerpflichtige seine Ferienwohnung ausschließlich an wechselnde Feriengäste vermietet oder auch selbst nutzt ist für die Finanzverwaltung und die Untergerichte praktisch undurchführbar, weil geeignete Beweismittel für eine Nicht-Selbstnutzung meistens fehlen. Jedem Praktiker ist klar, dass zumindest bei Vermietung in Eigenregie die Nicht-Selbstnutzung weder nachweis- noch nachprüfbar ist[44]. Dies gilt sowohl rückblickend auf den abgelaufenen Veranlagungszeitraum als auch für die Zukunft: Die Absicht der ausschließlichen Fremdvermietung ist als innere Tatsache nicht nachprüfbar, weshalb sie vom Steuerpflichtigen an Hand objektiver Umstände belegt werden soll.

Der Steuerpflichtige müsste also objektiv belegen, dass er die Ferienwohnung tatsächlich nicht selbst genutzt bzw. unentgeltlich an Dritte überlassen hat und in den Leerstandszeiten auch tatsächlich nicht entsprechend nutzen wollte. Dies ist aber faktisch unmöglich, es sei denn, der Steuerpflichtige hat sich seiner Ver-

---

39   BFH, Urteil vom 5.5.1988 – III R 41/85, BStBl II 1988, S. 778; BFH, Beschluss vom 13.6.2005 – VIII B 67, 68/04, BFH/NV 2005, S. 2181.

40   BFH, Beschluss vom 17.3.2009 – IV B 52/08, BFH/NV 2009, S. 1114; Einzelheiten Abgrenzung etwa bei *Stein*, Verluste, Rdn. 68–77.

41   Schleswig-Holsteinisches FG, Urteil vom 8.11.2001 – III 914/97, EFG 2002, S. 194; vgl. auch zur Zweitwohnungssteuer: BVerwG-Beschluss vom 7.1.1998 – 8 B 253/97, Buchholz 401.61 Zweitwohnungssteuer Nr. 14; BVerwG-Urteil vom 10.10.1995 – 8 C 40/93, BStBl II 1996, S. 37; **vgl. aber** nunmehr BVerwG-Urteil vom 27.10.2004 – 10 C 2/04, HFR 2005, S. 785.

42   **BMF**-Schreiben vom 8.10.2004, BStBl I 2004, S. 933, **RdNr. 17.**

43   Niedersächsisches FG, Urteil vom 3.12.2003 – 2 K 395/01, EFG 2004, S. 731.

44   *Stein*, Verluste, Rdn. 1092.

fügungsbefugnis über die Wohnung nachhaltig begeben[45]. Die Finanzverwaltung kommt den Steuerpflichtigen deshalb entgegen und erkennt eine ausschließliche Vermietung, also das Fehlen der Selbstnutzung, unter folgenden Umständen an[46]:

aaa) Einschalten eines Vermittlers: Der Steuerpflichtige hat die Entscheidung über die Vermietung der Ferienwohnung einem ihm nicht nahe stehenden Vermittler (z. B. einem überregionalen Reiseveranstalter, einer Feriendienstorganisation, der Kurverwaltung; gewerblichen Hausverwaltungsunternehmen) übertragen und eine Eigennutzung vertraglich für das gesamte Jahr ausgeschlossen[47]. Mit dieser Regelung wird den Eigentümern ein Weg aufgezeigt, wie sie ohne Probleme die Anerkennung der Vermietungsverluste erreichen können. Bei gezielter Gestaltung, etwa einer Anmeldung unter falschem Namen, bleibt dennoch eine Eigennutzung durch den Eigentümer möglich. Allerdings ist der tatsächliche Beweiswert eines solchen Agenturvertrages mit Ausschluss der Selbstnutzung umstritten (Stichwort: Gefälligkeitsbescheinigung). Neutraler Vermittler könnte auch eine Hotelkette oder etwa der Verkäufer der Ferienwohnung sein.

bbb) Mehrfamilienhaus: Die Ferienwohnung befindet sich im ansonsten selbst genutzten Zwei- oder Mehrfamilienhaus des Steuerpflichtigen[48]. Die Hauptwohnung muss allerdings nach Größe und Ausstattung den Wohnbedürfnissen des Steuerpflichtigen entsprechen. Nur wenn die selbst genutzte Wohnung auch die Möglichkeit zur Unterbringung von Gästen u. ä. ermöglicht, kann von einer ausschließlichen Vermietung ausgegangen werden. Ausschließlich fremd vermietete Ferienimmobilien können also auch sog. Einliegerwohnungen sein.

ccc) Räumliche Nähe: Die Ferienwohnung befindet sich in unmittelbarer Nähe zur selbst genutzten Wohnung des Steuerpflichtigen[49]. Auch in diesem Fall muss die (Haupt-)Wohnung des Steuerpflichtigen nach Größe und Ausstattung den Wohnbedürfnissen des Steuerpflichtigen entsprechen. „Unmittelbare Nähe" in diesem Sinne ist nur dann anzunehmen, wenn sich die Hauptwohnung des Steuerpflichtigen und die Ferienwohnung in derselben Stadt/Gemeinde befinden[50].

---

45 Vgl. Schleswig-Holsteinisches FG, Urteil vom 12.3.1996 – III 900/95, HaufeIndex 930512; Schleswig-Holsteinisches FG, Urteil vom 25.2.1992 – III 203/89, EFG 1993, S. 157, bestätigt durch BFH, Urteil vom 12.9.1995 – IX R 117/92, BStBl II 1996, S. 355.

46 **BMF**-Schreiben vom 8.10.2004, BStBl I 2004, S. 933, **RdNr. 17**; **OFD** Niedersachsen, Vfg. vom 18.6.2010 — S 2254 – 52 – St 233/St 234, juris.

47 Vgl. BFH, Urteil vom 25.2.1992 – IX R 171/87, BFH/NV 1993, S. 603; BFH, Urteil vom 12.9.1995 – IX R 117/92, BStBl II 1996, S. 355.

48 Vgl. BFH, Urteil vom 21.11.2000 – IX R 69/96, BFH/NV 2001, S. 754; BFH, Urteil vom 21.11.2000 – IX R 37/98, BStBl II 2001, S. 705; FG Berlin, Urteil vom 17.12.1997 – II 173/94, EFG 1998, S. 1131.

49 Vgl. auch Niedersächsisches FG, Urteil vom 11.12.2006 – 14 K 92/05, EFG 2007, S. 1772 (nachgehend: *BFH, Urteil vom 19.8.2008 – IX R 39/07, BStBl II 2009, S. 138*).

50 **OFD** Niedersachsen, Vfg. vom 18.6.2010 — S 2254 – 52 – St 233/St 234, juris, Tz. 1.a).

ddd) Mehrere Ferienwohnungen: Der Steuerpflichtige hat an demselben Ort mehr als eine Ferienwohnung und nutzt nur eine dieser Ferienwohnungen für eigene Wohnzwecke oder in Form der unentgeltlichen Überlassung[51]. Hiervon kann ausgegangen werden, wenn beispielsweise Ausstattung und Größe einer der Wohnungen auf die besonderen Verhältnisse des Steuerpflichtigen zugeschnitten sind. Die Leerstandszeiten der anderen Ferienwohnung(en) sind in einem solchen Fall als Vermietungszeiten zu werten[52].

eee) Mindestens durchschnittliche Vermietungsquote: Die Dauer der Vermietung der Ferienwohnung entspricht zumindest dem Durchschnitt der Vermietungen in der am Ferienort üblichen (regional unterschiedlichen) Saison. Mit „Saison" meint die Verwaltung nicht nur die Hochsaison (im Sommer). Auch die Zeiten der Nebensaison werden erfasst. Damit muss mindestens von März bis Oktober und zusätzlich für den Zeitraum zwischen Weihnachten und dem Jahreswechsel eine mindestens durchschnittliche Anzahl von Vermietungstagen vorliegen, um eine Selbstnutzung objektiv auszuschließen[53].

fff) Urlaubsnachweis: Darüber hinaus kann das Fehlen der Selbstnutzung als erwiesen angesehen werden, wenn der Steuerpflichtige (Eigentümer) seine Urlaubstage (nachweislich) nicht in der eigenen Ferienwohnung verbringen konnte[54] oder wenn der Steuerpflichtige mehrere Ferienwohnungen an unterschiedlichen Orten besitzt und (nachweislich) nur die näher gelegene selbst nutzt[55].

bb) Nachweis der fehlenden Selbstnutzung: In allen anderen Fällen geht die Finanzverwaltung zunächst davon aus, dass der Steuerpflichtige die Wohnung auch selbst genutzt bzw. unentgeltlich überlassen hat. Dem Steuerpflichtigen bleibt es aber unbenommen, die ausschließliche Vermietung und das Bereithalten zur dauernden Vermietung auf andere Weise nachzuweisen oder glaubhaft zu machen[56]. Diesen Nachweis wird der Steuerpflichtige – insbesondere bei Vermietung in Eigenregie – nur schwer erbringen können[57]. Dem Steuerpflichtigen bleibt hier

---

51 FG Münster, Urteil vom 17.8.1993 – 1 K 2593/93 E, EFG 1994, S 21; FG Münster, Urteil vom 30.11.1995 – 14 K 1728/94 E, EFG 1996, S. 470; Schleswig-Holsteinisches FG, Urteil vom 8.3.1999 – V 77/99, EFG 2000, S. 1077 (nachgehend: *BFH, Urteil vom 6.11.2001 – IX R 35/00, BFH/NV 2002, S. 765*); Schleswig-Holsteinisches FG, Urteil vom 27.4.1999 – V 386/96, EFG 1999, S. 1125; FG Hamburg, Urteil vom 11.12.1995 – V 87/93, EFG 1996, S. 469.

52 **SenFin** Berlin, Erlass vom 12.1.2005 — III A 2 – S 2253 – 1/93, DStR 2005, S. 785, Tz. I.1.a).

53 **OFD** Niedersachsen, Vfg. vom 18.6.2010 — S 2254 – 52 – St 233/St 234, juris, Tz. 1.a).

54 FG Münster, Urteil vom 28.4.1998 – 12 K 3440/96 E (*n. v.*).

55 FG Hamburg, Urteil vom 11.12.1995 – V 87/93, EFG 1996, S. 469; FG Münster, Urteil vom 30.11.1995 – 14 K 1728/94 E, EFG 1996, S. 470; **a. A.**: Schleswig-Holsteinisches FG, Urteil vom 12.3.1996 – III 900/95, HaufeIndex 930512.

56 **BMF**-Schreiben vom 8.10.2004, BStBl I 2004, S. 933, **RdNr. 18**.

57 Erfolgreich aber z. B. im Falle des FG Baden-Württemberg, Urteil vom 16.12.2003 – 2 K 367/01, EFG 2005, S. 112: Zeitweise Nutzung einer Eigentumswohnung als Ferienwohnung vor und nach einer Dauervermietung.

kaum etwas anderes übrig als Beweisvorsorge dafür zu treffen, dass er seinen Jahresurlaub nicht in der Ferienwohnung verbracht hat. Hierfür kann er Hotelrechnungen, Flugscheine und ähnliche Belege aufbewahren. Ebenso kann der Nachweis geführt werden, dass die Wohnung während des Urlaubs des Steuerpflichtigen vermietet war. Im Rahmen der Indiziengesamtwürdigung kann auch die Befreiung von der Zweitwohnungssteuer als Indiz gegen eine tatsächliche Selbstnutzung gewertet werden[58]. Genauso gut kann aber die Heranziehung zur Zweitwohnungssteuer Indiz für eine Selbstnutzung sein[59].

cc) Potentieller Mieterkreis darf nicht begrenzt sein: Die Vermutungswirkung (keine Selbstnutzung) in den vorgenannten Fallgruppen greift aber nur dann, wenn die Wohnung tatsächlich „ausschließlich an wechselnde Feriengäste" vermietet wird. Eine „ausschließliche Vermietung an wechselnde Feriengäste" setzt voraus, dass der Kreis der potenziellen Mieter nicht von vornherein – im Wesentlichen – feststeht[60]. Die Vermietung ausschließlich an Angehörige, Arbeitskollegen bzw. Freunde ist deshalb von vornherein schädlich[61].

dd) Erfordernis der Dauerhaftigkeit: Um eine Liebhabereiprüfung grundsätzlich auszuschließen, muss die ausschließliche Vermietung erkennbar auf Dauer angelegt sein. Es reicht also nicht aus, dass der Steuerpflichtige nur in einzelnen Veranlagungszeiträumen ohne Selbstnutzung vermietet; vielmehr muss sich über einen längeren Zeitraum ein einheitliches Bild ergeben[62]. Das Erfordernis der Dauerhaftigkeit bringt also eine erhöhte Nachweispflicht des Steuerpflichtigen mit sich. Bei einer zu geringen Zahl der Vermietungstage muss der Steuerpflichtige die Absicht einer auf Dauer angelegten Vermietungstätigkeit durch entsprechend gesteigerte Werbemaßnahmen – z. B. durch häufige Zeitungsanzeigen – nachweisen[63].

Eine geringe Anzahl von Vermietungstagen spricht ausnahmsweise dann nicht gegen eine ernsthafte Vermietungsabsicht, wenn für die geringe Auslastung besondere (äußere) Umstände glaubhaft gemacht werden können[64]. Zu berücksichtigen ist auch, dass sich außerhalb der Saison auch durch häufige Anzeigen oft kein Mieter finden lässt. Bei erheblichen Zweifeln an der Dauerhaftigkeit muss *meines Erachtens* eine vollständige Überprüfung der Einkunftserzielungsabsicht mittels Totalüberschussprognose erfolgen[65]; dies kann der Fall sein, wenn bei unzurei-

58 BFH, Urteil vom 6.11.2001 – IX R 85/00, BFH/NV 2002, S. 767.
59 BFH, Urteil vom 26.10.2004 – IX R 26/02, BFH/NV 2005, S. 688.
60 Vgl. Niedersächsisches FG, Urteil vom 3.12.2003 – 2 K 395/01, EFG 2004, S. 731.
61 Vgl. FG Berlin-Brandenburg, Urteil vom 8.7.2009 – 7 K 3007/05 B, juris betr. indes keine Ferienwohnung.
62 **OFD** Niedersachsen, Vfg. vom 18.6.2010 — S 2254 – 52 – St 233/St 234, juris, Tz. 1.d).
63 **BMF**-Schreiben vom 8.10.2004, BStBl I 2004, S. 933, **RdNr. 18.**
64 Vgl. FG Baden-Württemberg, Urteil vom 16.12.2003 – 2 K 367/01, EFG 2005, S. 112.
65 *Stein*, Verluste, Rdn. 1102.

chender Auslastung überhaupt keine Werbemaßnahmen erfolgen. Auch ein zu geringer Werbeaufwand (z. B. nur 14 Inserate im Jahr zu einem niedrigen Preis[66]) muss eine Überprüfung der Einkunftserzielungsabsicht zur Folge haben. Ebenso kann auch der Hinweis des Steuerpflichtigen auf eine „Mund-zu-Mund-Propaganda" nicht geeignet sein, eine Liebhabereiprüfung zu unterbinden[67]. Vermietern, die in Eigenregie agieren, ist zu empfehlen, die ganzjährig bestehende Vermietungsabsicht durch regelmäßige und zahlreiche Vermietungsannoncen nachzuweisen. Die Anzeigen sollten mit Datum des Erscheinens aufbewahrt und den Erklärungen gegebenenfalls beigefügt werden.

2.2 Zeitweise Vermietung und zeitweise Selbstnutzung

a) Grundsatz: Wird eine Ferienwohnung zeitweise vermietet und zeitweise selbst genutzt oder behält sich der Steuerpflichtige eine zeitweise Selbstnutzung vor, gilt diese Art der Nutzung als Beweisanzeichen für eine auch private, nicht mit der Einkunftserzielung zusammenhängende Veranlassung der Aufwendungen[68]. Soll heißen, es wird (nur dann) vermutet, die Verluste werden auch aus privaten Motiven in Kauf genommen[69]. Die Grundsätze des BFH-Urteils vom 30.9.1997[70] sind daher nicht anwendbar. In diesen Fällen ist also immer[71] durch eine auf 30 Jahre angelegte Prognose zu prüfen, ob der Steuerpflichtige mit der notwendigen Einkunftserzielungsabsicht gehandelt hat[72].

Das vorrangige und entscheidungserhebliche Abstellen des BFH auf eine Selbstnutzung bzw. das Recht auf Selbstnutzung als Entscheidungskriterium einer Liebhabereiprüfungsbefugnis ist verfehlt *Meines Erachtens* muss es auch bei der Vermietung von Ferienimmobilien allein dem Ermessen der zuständigen Behörde oder des Gerichts überlassen bleiben, ob und wann auf Grund der Verlustsituation und der Gesamtumstände eine eingehende Liebhabereiprüfung für erforderlich gehalten wird oder nicht[73].

b) Ausnahme – baldiger Nutzungswechsel zur Dauervermietung: Eine Ausnahme von dem Liebhabereiprüfungserfordernis liegt vor, wenn der Steuerpflichtige auf die sich ergebenden Werbungskostenüberschüsse aus der Vermietung als (auch selbst genutzte) Ferienwohnung bereits nach wenigen Jahren reagiert und zur

---

66 Vgl. FG München, Urteil vom 15.1.1990 – 13 K 13702/85, HaufeIndex 1219970.

67 Niedersächsisches FG, Urteil vom 3.12.2003 – 2 K 395/01, EFG 2004, S. 731.

68 Vgl. BFH, Beschluss vom 18.12.2003 – IX B 114/03, HaufeIndex 1129465.

69 Niedersächsisches FG, Urteil vom 11.9.2003 – 16 K 14353/00, HaufeIndex 1284197.

70 BFH, Urteil vom 30.9.1997 – IX R 80/94, BStBl II 1998, S. 771.

71 BFH, Beschluss vom 3.5.2006 – IX B 16/06, BFH/NV 2006, S. 1471; BFH; **BMF**-Schreiben vom 8.10.2004, BStBl I 2004, S. 933, **RdNr. 21**.

72 Zuletzt Niedersächsisches FG, Urteil vom 25.2.2010 – 11 K 100/08, EFG 2010, S. 1038.

73 Zur Kritik siehe: *Stein*, Verluste, Rdn. 1124 f., zu den möglichen Anhaltspunkten für eine Liebhabereiprüfung siehe *Stein*, Verluste, Rdn. 1120 f.

Dauervermietung übergeht. Dann ist auch für die voran gehende Zeit der Vermietung als Ferienwohnung ohne Prognose vom Vorliegen einer Einkunftserzielungsabsicht auszugehen[74]. Diese Ausnahme kann *meines Erachtens* nicht greifen, wenn auch die sich anschließende Dauervermietung ebenfalls voraussichtlich für längere Zeit nur Werbungskostenüberschüsse bringt[75]. Denn dann wird letztlich nur die eine Verlustquelle durch eine andere ersetzt, das heißt eine Prognoseentscheidung wird fällig.

c) Totalüberschussnachweis durch Steuerpflichtigen: Liegt kein Ausnahmefall vor, muss der Steuerpflichtige – im Rahmen der ihm obliegenden Feststellungslast – für die Anerkennung der Einkunftserzielungsabsicht objektive Umstände vortragen, auf Grund derer im Beurteilungszeitraum ein Totalüberschuss erwartet werden konnte. Dies ist nur dann zu bejahen, wenn sich anhand einer regelmäßig für einen Zeitraum von 30 Jahren durchzuführenden Prognose ein Totalüberschuss ergibt.

d) Behandlung von „Altfällen": Ist danach die Überprüfung der Einkunftserzielungsabsicht in Fällen erforderlich, in denen bereits einige Veranlagungszeiträume bestandskräftig veranlagt sind, umfasst die Totalüberschussprognose die bestandskräftig veranlagten Einkünfte ab dem Zeitpunkt der Herstellung oder Anschaffung der Ferienwohnung sowie die für den Rest des Prognosezeitraums zu erwartenden Einnahmen und Ausgaben. Fällt die Totalüberschussprognose negativ aus (Liebhaberei), ist eine Änderung von Steuerbescheiden für Altjahre wegen § 176 Abs. 1 Nr. 3 AO nicht zulässig. Die Änderungssperre gilt auch, wenn die Steuerbescheide vorläufig (§ 165 AO) sind oder unter dem Vorbehalt der Nachprüfung (§ 164 AO) stehen[76].

2.2.1 Selbstnutzung

Bei einer zeitweisen[77] Selbstnutzung der Ferienimmobilie entfällt ab diesem Zeitpunkt die vom BFH geschaffene Möglichkeit, ohne Prüfung von der Einkunftserzielungsabsicht auszugehen[78].

a) Tatsächliche Selbstnutzung: Eine Selbstnutzung ist naturgemäß gegeben, wenn der Steuerpflichtige die Wohnung tatsächlich selbst (zu Erholungszwecken) nutzt. Längere Aufenthalte, insbesondere solche in üblicher Urlaubslänge von zwei bis

---

74 BFH, Urteil vom 17.9.2002 – IX R 63/01, BFH/NV 2003, S. 454.
75 *Stein*, Verluste, Rdn. 1126, Hinweis 246.
76 **SenFin** Berlin, Erlass vom 12.1.2005 — III A 2 – S 2253 – 1/93, DStR 2005, S. 785, Tz. I.3; **a. A.** etwa Niedersächsisches FG, Urteil vom 28.3.2007 – 3 K 11074/04, EFG 2007, S. 1951 (nachgehend BFH, IX R 24/07, BFH/NV 2009, S. 1882) m.w.N. betr. § 176 Abs. 1 Nr. 3 AO.
77 Vgl. FG Hamburg, Urteil vom 23.5.2005 – V 202/99, HaufeIndex 1763569.
78 **BMF**-Schreiben vom 8.10.2004, BStBl I 2004, S. 933, **RdNr. 20.**

drei Wochen[79], und solche in der Sommer- bzw. Hauptsaison sind grundsätzlich als Selbstnutzung werten[80]. Dies gilt erst recht, wenn auch die Kinder anwesend waren[81]. Dem Steuerpflichtigen verbleibt die Möglichkeit, dieses Indiz durch substantiierten Gegenvortrag zu entkräften, z. B. dass der Aufenthalt (ausschließlich) zur Durchführung von Schönheitsreparaturen notwendig war.

b) Vorbehalt der Selbstnutzung: Ein Selbstnutzungsvorbehalt steht einer Selbstnutzung gleich[82]. Das ist der Fall, wenn sich der Steuerpflichtige im Fall der Vermietung durch einen Dritten ein Selbstnutzungsrecht vorbehalten hat. Der Vorbehalt steht einer Selbstnutzung auch dann gleich, wenn (1.) der Steuerpflichtige von seinem Eigennutzungsrecht tatsächlich keinen Gebrauch gemacht hat[83] und die Ferienwohnung in der zur Selbstnutzung vorbehaltenen Zeit etwa leer stand[84] oder wenn (2.) sich der Selbstnutzungsvorbehalt (lediglich) aus einer vorformulierten Vertragsbedingung ergibt[85]. Zur Begründung seiner Auffassung führt der BFH an, dass auch ein Selbstnutzungsvorbehalt als Bedingung eines formularmäßig aufgesetzten Vertrages ebenso wie eine Individualabrede das Recht vermittelt, die Wohnung in dem vertraglich vorgesehenen Zeitraum selbst nutzen zu können[86]. Mit anderen Worten ist bereits die hypothetische Nutzungsmöglichkeit schädlich und zwar auch für den Fall, dass der Eigentümer seine Ferien an einem anderen Ort verbracht hat[87].

c) Verbilligte Anmietung: Ein Selbstnutzungsvorbehalt setzt nicht zwingend Unentgeltlichkeit voraus. Eine schädliche Indizwirkung ist auch gegeben, wenn dem Steuerpflichtigen das Recht zu einer verbilligten Nutzung eingeräumt wird[88].

d) Unentgeltliche oder verbilligte Überlassung an Dritte: Eine Selbstnutzung ist schließlich auch gegeben, wenn der Steuerpflichtige die Wohnung unentgeltlich Dritten (nicht nur Angehörigen im Sinne des § 15 AO) zur Nutzung über-

---

79 Vgl. zuletzt: FG München, Urteil vom 21.10.2008 – 6 K 2362/06, juris.

80 Vgl. BFH, Urteil vom 25.11.1993 – IV R 37/93, BStBl II 1994, S. 350.

81 BFH, Beschluss vom 18.12.2003 – IX B 114/03, HaufeIndex 1129465.

82 **BMF**-Schreiben vom 8.10.2004, BStBl I 2004, S. 933, **RdNr. 21**; vgl. BFH, Beschluss vom 7.6.2002 – IX B 15/02, BFH/NV 2002, S. 1300; BFH, Beschluss vom 5.3.2007 – X B 146/05, BFH/NV 2007, S. 1125; zuletzt: FG Hamburg, Urteil vom 9.7.2007 – 2 K 310/04, HaufeIndex 1799397.

83 FG Hamburg, Urteil vom 9.7.2007 – 2 K 310/04, HaufeIndex 1799397; BFH, Beschluss vom 9.3.2006 – IX B 143/05, BFH/NV 2006, S. 1281; Niedersächsisches FG, Urteil vom 11.9.2003 – 16 K 14353/00, HaufeIndex 1284197; Schleswig-Holsteinisches FG, Urteil vom 27.10.2004 – 3 K 20157/01, EFG 2005, S. 1049.

84 BFH, Beschluss vom 16.3.2004 – IX B 140/03, BFH/NV 2004, S. 957; BFH, Urteil vom 16.7.2002 – IX R 6/01, BFH/NV 2002, S. 1454, unter II.3.a, a. E.

85 BFH, Beschluss vom 7.6.2002 – IX B 15/02, BFH/NV 2002, S. 1300.

86 BFH, Beschluss vom 7.6.2002 – IX B 15/02, BFH/NV 2002, S. 1300.

87 FG Düsseldorf, Urteil vom 19.11.1998 – 10 K 2221/96 E, EFG 1999, S. 231.

88 Schleswig-Holsteinisches FG, Urteil vom 27.10.2004 – 3 K 20157/01, EFG 2005, S. 1049.

lässt[89]. Eine Überlassung an Dritte liegt regelmäßig vor, wenn der Steuerpflichtige die Wohnung an Angehörige, Bekannte oder Freunde anlässlich von Besuchen oder für Urlaubsaufenthalte verbilligt oder gratis überlässt[90].

2.2.2 Keine Selbstnutzung

a) Arbeitsaufenthalte: Durch die Vermietung veranlasste kurzfristige Aufenthalte des Steuerpflichtigen in der Ferienwohnung stellen keine Selbstnutzung dar[91]. Grundsätzlich unschädlich sind daher folgende Aufenthalte[92]: Wartungsarbeiten, allgemeine Kontrolle, Reinigung anlässlich eines Mieterwechsels, Schlüsselübergabe an neue Feriengäste, Teilnahme an Eigentümerversammlungen, Beseitigung von durch Mieter verursachten Schäden, Durchführung von Schönheitsreparaturen. Dem Steuerpflichtigen obliegt jedoch die Feststellungslast, dass eine private Veranlassung der kurzfristigen Aufenthalte ausgeschlossen war. Dies gilt umso mehr, wenn sich an den „Arbeitsaufenthalt" ein Erholungsurlaub des Steuerpflichtigen anschließt. Die Aufenthalte in der Ferienwohnung sind also nur dann nicht der Selbstnutzung zuzurechnen, wenn der Steuerpflichtige darlegt und gegebenenfalls beweist, dass der Aufenthalt zum Durchführen der angegebenen Maßnahme tatsächlich erforderlich war.

Es empfiehlt sich auf jeden Fall – mittels genauer Aufzeichnungen – Beweisvorsorge zu treffen mit Angaben zu Zeitpunkt, aufgewandter Zeit und Unterstützung durch etwaige Begleitpersonen. Idealerweise fertigt der Steuerpflichtige Aufzeichnungen über die Art der durchgeführten Arbeiten und dokumentiert zumindest ungewöhnliche Schäden an der Wohnung durch Fotos. Belege über die verarbeiteten Materialien sind ohnehin aufzuheben, um sie als Werbungskosten abziehen zu können. War der Aufenthalt länger als ein Tag oder begleiten den Steuerpflichtigen Familienmitglieder oder Dritte, muss der Steuerpflichtige zusätzlich die dafür maßgeblichen Gründe darlegen und glaubhaft machen, dass der Aufenthalt während der normalen Arbeitszeit vollständig mit Arbeiten für die Wohnung ausgefüllt war[93]. Denn gerade bei mehrtägigen Aufenthalten während der Saison wird alleine die Behauptung des Steuerpflichtigen, er habe den Aufenthalt für Reparaturen, Grundreinigung und ähnliches genutzt, nicht ausreichen[94].

---

89 **BMF**-Schreiben vom 8.10.2004, BStBl I 2004, S. 933, **RdNr. 21**; BFH, Urteil vom 6.11.2001 – IX R 63/99, HaufeIndex 1133307.
90 BFH, Urteil vom 6.11.2001 – IX R 2/99, BFH/NV 2002, S. 771; FG Hamburg, Urteil vom 18.6.2007 – 2 K 84/05, juris.
91 BFH, Beschluss vom 18.12.2003 – IX B 114/03, HaufeIndex 1129465.
92 **BMF**-Schreiben vom 8.10.2004, BStBl I 2004, S. 933, **RdNr. 19**.
93 **BMF**-Schreiben vom 8.10.2004, BStBl I 2004, S. 933, **RdNr. 19**.
94 **SenFin** Berlin, Erlass vom 12.1.2005 — III A 2 – S 2253 – 1/93, DStR 2005, S. 785, Tz. I.1.b).

b) Fremdübliche Vermietung an Angehörige/Bekannte: Keine Selbstnutzung ist auch die Anmietung der Wohnung durch einen Verwandten (z.B. Mutter, Vater, Tochter, Sohn oder die Ehefrau), wenn diese nicht an der Ferienwohnung selbst beteiligt sind. Der Vertrag muss freilich wie unter fremden Dritten geschlossen sein. Das bedeutet: Die Anmietung erfolgt über die beauftragte Vermietungsagentur und wird genauso abgewickelt wie jede andere Vermietung auch. Es dürfen keine Sonderkonditionen für die Höhe der Miete gewährt werden. Problematisch – *meines Erachtens* schädlich (= Selbstnutzung) – ist es jedoch, wenn der Eigentümer mit auf diesen Urlaub geht.

2.3 Ermittlung des Totalüberschusses

2.3.1 Prognose des Steuerpflichtigen

Legt der Steuerpflichtige eine eigene Totalüberschussprognose vor, muss er erläutern, aus welchen objektiven Gründen er davon ausgehen konnte, dass die angesetzten geschätzten Einnahmen und Werbungskosten realistisch waren. Hierzu kann er z. B. Schriftverkehr vorlegen, aus dem sich ergibt, dass er sich vor Beginn der Vermietung bei dem für den Ferienort zuständigen Fremdenverkehrsbüro Informationen über die Höhe der erzielbaren Übernachtungspreise und die zu erwartende Auslastung eingeholt hat[95]. Dem Steuerpflichtigen ist zu empfehlen, derartige Unterlagen für Nachweiszwecke aufzubewahren. Vermag der Steuerpflichtige nämlich nicht darzulegen und nachzuweisen, dass er vor Aufnahme der Vermietungstätigkeit überhaupt eine Rentabilitätsplanung vorgenommen hat, so begründet dies erhebliche Zweifel an seiner Prognose. Hier wird das Finanzamt nicht mehr auf eine Gegenprognose verzichten können. Hierbei orientiert sich die Verwaltung an den Einnahmen und Werbungskosten, die in den letzten fünf Jahren tatsächlich erzielt bzw. verausgabt wurden.

2.3.2 Aufteilung der Werbungskosten

Für die Prognoserechnung ist von den Ergebnissen auszugehen, die sich nach den einkommensteuerrechtlichen Vorschriften voraussichtlich ergeben werden. Deshalb sind im Rahmen der Prognose den voraussichtlichen Mieteinnahmen als Werbungskosten diejenigen Aufwendungen entgegenzustellen, die (ausschließlich oder anteilig) auf Zeiträume entfallen, in denen die Ferienwohnung an Feriengäste tatsächlich vermietet oder zur Vermietung angeboten und bereitgehalten worden ist. Dagegen nicht zu berücksichtigen sind die auf die Zeit der nicht steuerbaren Selbstnutzung entfallenden Aufwendungen. Der Steuerpflichtige trägt die Feststellungslast dafür, ob und in welchem Umfang die Ferienwohnung selbst genutzt oder zur

---

95   Vgl. auch Schleswig-Holsteinisches FG, Urteil vom 20.12.2000 – III 445/96, HaufeIndex 706341.

Vermietung angeboten und bereitgehalten wird. Je größer die Zeit der Selbstnutzung bei der Überschussprognose bemessen wird, desto geringer ist die Höhe der Werbungskosten und je günstiger fällt die Prognose für den Steuerpflichtigen aus. Eine Herausrechnung der auf die (voraussichtliche) Zeit der nicht steuerbaren Selbstnutzung entfallenden Aufwendungen aus den Werbungskosten ist bereits dann (schätzweise) vorzunehmen, wenn die Gesamtaufwendungen zumindest dem Grunde nach vorweggenommene Werbungskosten (mithin bei glaubhaft gemachter Absicht zur späteren Vermietung an Urlaubsgäste) darstellen.

Die Werbungskosten sind nach folgendem Schema zu ermitteln: Zunächst (1.) sind in der Prognose die ausschließlich auf die Vermietung entfallenden und damit unmittelbar zuzuordnenden Aufwendungen ungekürzt als Werbungskosten zu berücksichtigen. Regelmäßig sind dies Reinigungskosten, Zeitungsinserate, Verwalterhonorar, Entgelte für die Aufnahme in das Gastgeberverzeichnis und Anschaffungs- und Reparaturkosten für Wirtschaftsgüter, die ausschließlich der Vermietung dienen.

Ferner (2.) sind zu berücksichtigen die auf Leerstandszeiten entfallenden Aufwendungen, soweit sie der Vermietungsphase zuzurechnen sind. Das heißt, die übrigen Aufwendungen (die sowohl durch die Selbstnutzung als auch durch die Vermietung veranlasst sind) sind aufzuteilen. Solche aufzuteilenden Aufwendungen sind regelmäßig Schuldzinsen für einen Kredit zur Anschaffung der Wohnung oder von Möbeln, Haus- und Grundbesitzabgaben, Gebäudeabschreibungen und geringwertige Wirtschaftsgüter, Versicherungsbeiträge und Kontoführungsgebühren, Aufwendungen zum Durchführen von Schönheitsreparaturen, Aufwendungen zur Teilnahme an einer Eigentümerversammlung und Zweitwohnungssteuer und Fahrtkosten.

2.4 Zuordnung der Leerstandszeiten und Renovierungstage

Die auf Leerstandszeiten entfallenden Aufwendungen müssen aufgeteilt werden. Gleiches gilt auch für Aufwendungen, die auf Renovierungstage entfallen. Es gelten hier folgende Grundsätze:

2.4.1 Leerstandszeiten

Nach dem Verständnis des BFH sind die Leerstandszeiten Folge des Saisongeschäfts und damit entsprechend zeitanteilig durch die Vermietungsbemühungen veranlasst[96].

---

96 Zur Kritik siehe *Stein*, Verluste, Rdn. 1153, Kritik 17.

a) Umfang der Selbstnutzung steht fest: Ist für den Steuerpflichtigen die Selbstnutzung jederzeit möglich, sind die Leerstandstage im zeitlichen Verhältnis der Selbstnutzungstage zu den Vermietungstagen zuzuordnen und aufzuteilen. Hat der Steuerpflichtige die Selbstnutzung zeitlich beschränkt, ist nur die vorbehaltene Zeit der Selbstnutzung zuzurechnen[97]. Im Übrigen ist die Leerstandszeit der Vermietung zuzuordnen.

Eine zeitliche Beschränkung der Selbstnutzung ist nur dann anzunehmen, wenn der Steuerpflichtige mit einem fremden Vermittler einen Vertrag abgeschlossen hat, der eine Selbstnutzung nur zu bestimmten, zu Beginn des Jahres genau festgelegten Zeiten (so genannte „Sperrzeiten") zulässt und darüber hinaus jegliche Selbstnutzung ausschließt. Bei einer entsprechenden Vertragsformulierung sind die Sperrzeiten unabhängig von der tatsächlichen Nutzung als Zeiten der Selbstnutzung zu behandeln. Für alle weiteren Tage (Vermietungszeiten und Leerstandszeiten) kann davon ausgegangen werden, dass eine Selbstnutzung nach objektiven Umständen ausgeschlossen ist, die Leerstandszeiten sind der Vermietung zuzurechnen[98].

Ist ein Vertrag mit einem fremden Vermittler dagegen so formuliert, dass lediglich der zeitliche Umfang der Selbstnutzung begrenzt ist, der Steuerpflichtige allerdings nach Rücksprache mit dem Vermittler diese Selbstnutzungszeiten kurzfristig festlegen kann, umfasst der zur Werbungskostenkürzung führende Zeitraum nicht nur die tatsächlichen Selbstnutzungstage, sondern auch die anteiligen Leerstandszeiten. Da der Steuerpflichtige in diesen Fällen letztlich selbst über die Vermietung bzw. Selbstnutzung entscheidet, sind die Leerstandszeiten auf die Vermietungs- und Selbstnutzungszeiten aufzuteilen. Dies gilt auch dann, wenn sich der Steuerpflichtige wie ein fremder Dritter an den Vermittler wenden muss[99].

b) Umfang der Selbstnutzung lässt sich nicht aufklären: Lässt sich der Umfang der Selbstnutzung nicht aufklären, ist davon auszugehen, dass die Leerstandszeiten der Ferienwohnung zu gleichen Teilen durch das Vorhalten zur Selbstnutzung und das Bereithalten zur Vermietung entstanden sind und damit die hierauf entfallenden Aufwendungen zu je 50 % der Selbstnutzung und der Vermietung zuzuordnen sind[100]. Anders ausgedrückt: Für die Tage der tatsächlichen Nichtvermietung erfolgt eine hälftige Kostenkürzung[101].

---

97 **BMF**-Schreiben vom 8.10.2004, BStBl I 2004, S. 933, **RdNr. 22**.
98 **OFD** Niedersachsen, Vfg. vom 18.6.2010 — S 2254 – 52 – St 233/St 234, juris, Tz. 2.b).
99 **OFD** Niedersachsen, Vfg. vom 18.6.2010 — S 2254 – 52 – St 233/St 234, juris, Tz. 2.b).
100 **BMF**-Schreiben vom 8.10.2004, BStBl I 2004, S. 933, **RdNr. 22**; BFH, Urteil vom 6.11.2001 – IX R 97/00, BStBl II 2002, S. 726; hiervon **abweichend**: Niedersächs. FG, Urteil vom 19.7.2007 – 10 K 583/03, EFG 2007, S. 1770, bei fehlenden Einnahmen.
101 Zur Kritik siehe *Stein*, Verluste, Rdn. 1158, Kritik 18.

2.4.2 Renovierungstage

Hat der Steuerpflichtige glaubhaft gemacht, dass ein Aufenthalt in der Ferienwohnung der Durchführung von Schönheitsreparaturen und nicht der Erholung diente, sind diese Zeiten grundsätzlich gleichwohl nicht in vollem Umfang der Vermietung zuzurechnen. Wird die Ferienwohnung sowohl vermietet als auch selbst genutzt, dienen auch Schönheitsreparaturen im Ergebnis sowohl der Selbstnutzung als auch der Vermietung. In einem solchen Fall sind die auf diese Zeiten entfallenden Aufwendungen – wie bei den Leerstandszeiten – im zeitlichen Verhältnis der tatsächlichen Selbstnutzung zur tatsächlichen Vermietung aufzuteilen[102].

2.5 Prognosezeitraum

Der Prognosezeitraum beginnt regelmäßig mit dem Erwerb oder der Herstellung der Ferienwohnung[103] und beträgt maximal 30 Jahre.

a) Befristung der Nutzung: Ergibt sich aus objektiven Umständen eine Befristung der Nutzung, verkürzt sich der Prognosezeitraum entsprechend. Hat der Steuerpflichtige etwa beim Erwerb einer teils selbst genutzten, teils an wechselnde Feriengäste vermieteten Ferienimmobilie den späteren Verkauf ernsthaft in Betracht gezogen, so ist bei der Prüfung der Einkunftserzielungsabsicht als Prognosezeitraum der kürzere Zeitraum der tatsächlichen Vermögensnutzung zu Grunde zu legen[104].

b) Wechsel der Nutzung: Der Prognosezeitraum beginnt auch dann im Jahr der Herstellung oder Anschaffung der Ferienwohnung, wenn im Falle eines Wechsels von der ausschließlichen Vermietung zur Vermietung und Selbstnutzung die ersten Veranlagungszeiträume bereits bestandskräftig veranlagt sind[105].

c) Prognosebeispiel (vereinfacht)

Kauf eines Ferienhauses zur touristischen Vermietung (Abnahme, Einrichtung/-Herstellung, Vermietbarkeit Januar 2005) für 134.900 € netto (ohne Umsatzsteuer) zuzüglich Einrichtung (netto 13.793 €). Die Erwerbsnebenkosten (Grunderwerbsteuer, Maklercourtage und Notar/Gericht) betrugen 11.467 €. Das Eigenkapital (vor Steuern) beträgt 25.159,00 €. Finanziert wurde das Objekt mit einem Darlehensbetrag von 135.000 € (Auszahlung 100 %, 4,5 % Zinsen und 2 % Tilgung, zehn Jahre fest). Die geschätzten Mieteinnahmen betragen 11.190 € brutto p.a. Die Bewirtschaftungskosten werden mit 2.300 € p.a. geschätzt. Die Darlehenszinsen

---

102   BFH, Urteil vom 6.11.2001 – IX R 97/00, BStBl II 2002, S. 726.

103   Zuletzt: BFH, Urteil vom 28.10.2009 – IX R 30/08, BFH/NV 2010, S. 850.

104   BFH, Urteil vom 14.1.2003 – IX R 74/00, BFH/NV 2003, S. 752.

105   **OFD** Niedersachsen, Vfg. vom 18.6.2010 — S 2254 – 52 – St 233/St 234, juris, Tz. 2.c).

betragen durchschnittlich ca. 5.326 € p.a. Als Abschreibungen sind zu berücksichtigen: 2 % Gebäude-AfA von den steuerlichen Herstellungskosten (= 136.950 € ohne Grund und Boden) zuzüglich 15 % AfA auf die Einrichtung von 13.793 €. Als weitere Kosten werden 2.238 € Vermietungsprovisionen aus Mieteinnahmen (20 %) fällig. Die abzuführende Umsatzsteuer aus Mieteinnahmen beträgt 1.543 €. Der Eigennutzungsvorbehalt wird im Vermietungsvermittlungsvertrag mit einem Monat p.a. vereinbart. (Lösung:)

Mieteinnahmen Brutto	11.190 €
10 % Schätzungszuschlag	1.119 €
Prognose gesamt	*12.309 €*
Aufwendungen	
Zinsen (11/12)	4.882 €
Bewirtschaftung (11/12)	2.108 €
Vermietungsprovision	2.238 €
Umsatzsteuer	1.543 €
Gesamt	10.771 €
10 % Schätzungsabschlag	1.077 €
Prognose gesamt	*9.694 €*
Einnahmen abzüglich Aufwendungen	2.615 €
abzüglich AfA-Gebäude (11/12)	2.511 €
abzüglich AfA-Einrichtung (11/12)	1.897 €
Gesamtverlust	*1.793 €*

Das Beispiel schließt mit einem steuerlichen Verlust von jährlich 1.793 € ab. Erst ab dem achten Jahr, wenn die Einrichtung vollständig abgeschrieben ist, könnte mit einem geringen Überschuss von wenigen € (104 €) jährlich gerechnet werden, der mit Sicherheit zu keinem Totalüberschuss der Einnahmen über die Ausgaben innerhalb von 30 Jahren ab Anschaffung führen würde. Das Beispiel ist erheblich vereinfacht; unberücksichtigt blieben dabei: (1.) Kosten für Instandhaltungsmaßnahmen (verschlechtern das Ergebnis), (1.) Kosten (AfA) für Einrichtungsnachkauf/-ersatz[106] (verschlechtern das Ergebnis), (3.) neue Konditionen nach Auslauf der zehnjährigen Zinsbindung (können das Ergebnis verschlechtern oder verbessern), (4.) Inanspruchnahme der Kleinunternehmerregelung ab dem elften Vermietungsjahr: keine Umsatzsteuerabführung mehr (verbessert das Ergebnis), (5.) Reduzierung der Finanzierung nach Auslauf der zehnjährigen Konditionen (verbessert das Ergebnis in Abhängigkeit vom Tilgungsbetrag).

---

106 FG München, Urteil vom 21.5.2010 – 8 K 680/08, juris; FG Berlin, Urteil vom 27.1.1997 – 8097/96, EFG 1997, S. 665.

Literaturverzeichnis

— Kommentare —

Kirchhof: Kommentar zum EStG, einschl. 8. Aufl., Heidelberg 2008.

Schmidt: Kommentar zum EStG, 28. Aufl., München 2009 *(einschließlich relevanter Zitate aus Vorauflagen, mit Aussagen, die in der aktuellen Auflage (so) nicht mehr enthalten sind).*

— Monografien —

Anzinger: Anscheinsbeweis und tatsächliche Vermutung im Ertragsteuerrecht — Anwendungsgrundsätze am Beispiel der Rechtsprechung des Bundesfinanzhofs zu Liebhaberei und gewerblichem Grundstückshandel, Baden-Baden 2006, zugleich Diss., 404 Seiten, (ISBN 3–8329–2298–9),
— zitiert: [*Anzinger*, Anscheinsbeweis] —.

Credo: Abgrenzung von Einkünfteerzielungsabsicht und Liebhaberei am Beispiel der Einkünfte aus Vermietung und Verpachtung von Immobilien, Jena 2005, 426 Seiten (IDN: 974060550) (Online-Publikation 2005, zugleich Diss.),
— zitiert: [*Credo*, Einkünfteerzielungsabsicht] —.

Escher: Steuerliche Liebhaberei und Subjektbezug der Einkünfteerzielungsabsicht, Aachen 2005, zugleich Diss., 242 Seiten (ISBN 3–8322–3996–0),
— zitiert: [*Escher*, Einkünfteerzielungsabsicht] —.

Habl: Einkünfteerzielungsabsicht versus Liebhaberei im Einkommensteuerrecht — Unter Berücksichtigung der Einkünfte aus Vermietung und Verpachtung, Hamburg 2006, zugleich Diss., 400 Seiten (ISBN 3–8300–2639–0),
— zitiert: [*Habl*, Einkünfteerzielungsabsicht] —.

Rapp: Liebhaberei und Einkünfteerzielungsabsicht — Abgrenzung der steuerbaren Einkommenserzielung von der nicht steuerbaren Einkommensverwendung, Diss., Kutzenhausen / Augsburg 2003, 164 Seiten (IDN: 967694477)
— zitiert: [*Rapp*, Liebhaberei] —.

Schlindwein: Das Erzielen von Einkünften, Berlin 1990, zugleich Diss., 202 Seiten (ISBN 3–87718–526–6),
— zitiert: [*Schlindwein*, Erzielen von Einkünften] —.

Schell: Subjektive Besteuerungsmerkmale im Einkommensteuerrecht — Zur Beachtlichkeit von Wille und Absicht bei der Ertragsbesteuerung natürlicher Personen, Baden-Baden 2006, zugleich Diss., 312 Seiten (ISBN 3–8329–2380–2),
— zitiert: [*Schell*, Besteuerungsmerkmale] —.

Schmidt-Liebig: Gewerbliche und private Grundstücksgeschäfte, Berlin 2002 (4. Aufl.).
— zitiert: [*Schmidt-Liebig*, Grundstücksgeschäfte] —.

Stein: Verluste oder Liebhaberei bei der Vermietung von Immobilien — Verbilligte und befristete Vermietung – Ferien- und Luxusimmobilien – Unbebaute Grundstücke – Finanzierungsmodelle – Wohnungsleerstand, 5. Auflage, Norderstedt 2010 (ISBN 978–3–8370–0277–5)
— zitiert: [*Stein*, Verluste] —.

— Beiträge in Fachzeitschriften —

Beck: Liebhaberei bei den Einkünften aus Vermietung und Verpachtung, ImmoStR 2/2004, S. 207.

Birk: Liebhaberei im Ertragsteuerrecht, BB 2009, S. 860–867.

Bornmüller: „Liebhaberei" des Vermieters und Verpächters — Aktuelle Tendenzen in Rechtsprechung und Verwaltung, BuW 2003, S. 10.

Credo: Die Beurteilung der Einkünfteerzielungsabsicht bei verbilligter Vermietung an Angehörige — Zugleich Anmerkung zum Urteil des BFH vom 6.10.2004, IX R 30/03 in: DStZ 2005, S. 295.

Falkner: Die Einkunftserzielungsabsicht im Spannungsfeld von Dogmatik und Praxis, DStR 2010, S. 788–792.

Heuermann: Objektivierung eines subjektiven Tatbestandsmerkmals: Die Einkünfteerzielungsabsicht bei Vermietung und Verpachtung in der deutschen und österreichischen Rechtsordnung, DStZ 2004, S. 9.

Heuermann: Vermietung auf bestimmte Zeit, Überschusserzielungsabsicht und in die Prognose einzubeziehende Besteuerungsmerkmale — Zugleich Anmerkung zu den Urteilen des BFH vom 9.7.2002 – IX R 57/00 und vom 9.7.2002 – IX R 47/99, DB 2002, S. 2011.

Jakob/Hörmann: Einkunftserzielungsabsicht oder Liebhaberei im Rahmen der Einkünfte aus Vermietung und Verpachtung, FR 1989, S. 665.

Jakob/Hörmann: Zur Einkunftserzielungsabsicht bei gemeinsamer wirtschaftlicher Betätigung — Zugleich ein Beitrag zur steuerrechtlichen Dogmatik von Personengesellschaften, FR 1990, S. 33.

Kanzler: *Anmerkung* zum Urteil des BFH – IX R 54/08 in: FR 2010, S. 173 (Etagenbezogene Liebhaberei bei Vermietung und Verpachtung?).

Kanzler: Von Steckenpferden und ihren Reitern – einige Gedanken zur Liebhaberei, DStZ 2005, S. 766.

Korn/Fuhrmann: Entwicklungen und Zweifelsfragen zur „Liebhaberei" im Einkommensteuerrecht – Teil II –, DStZ 2004, S. 431.

Kruse: Über Liebhaberei, in: Festschrift für Arndt Raupach zum 70. Geburtstag 2006, S. 143–152.

Lang: Einkunftserzielungsabsicht bei Bauherrenmodellen mit Rückkaufsangeboten oder Verkaufsgarantien, FR 1997, S. 201.

Leingärtner: Zur Liebhaberei im Einkommensteuerrecht, FR 1979, S. 105.

Meilicke: Liebhaberei im Einkommensteuerrecht — Ein Lieblingskind richterlicher Gesetzgebung, FR 1979, S. 337.

Paus: Steuerliche Liebhaberei bei langjährigen Verlusten — Anmerkungen zum BFH-Urteil vom 17.11.2004 – X R 62/01 —, DStZ 2005, S. 668.

Pezzer: Die Einkunftserzielungsabsicht bei den Einkünften aus Vermietung und Verpachtung — ein Mysterium des Einkünftedualismus, StuW 2000, S. 457.

Schuhmann: Zum Vermieten von Ferienwohnungen, StBp 2003, S. 87.

Schuhmann: Einkunftserzielung auch bei Leibrenten?, StBp 2007, S. 25–28.

Thürmer: Einkünfteermittlung beim Vermieten von Ferienwohnungen, DStZ 2002, S. 855.

Tipke: Über „erwirtschaftete" Einkünfte und Einkunftserzielungsabsicht, FR 1983, S. 580.

Urbahns/Becker: Gewinnerzielungsabsicht bei Vermietung von (Ferien-) Wohnungen, INF 1999, S. 673.

Wendt: (*Anmerkung* zum Urteil des BFH – IV R 88/99) Liebhaberei: Totalgewinnprognose setzt Klärung der Einkunftsart voraus, BFH-PR 2001, S. 256.

Wüllenkemper: *Anmerkung* zum Urteil des Finanzgerichts Düsseldorf vom 25.2.2010 (11 K 100/08) in: EFG 2010, S. 1045–1046.

Stichwortverzeichnis

(die Zahlen bedeuten die Seitenzahlen)

Notizen

Notizen